Una lección de economía

HENRY HAZLITT

Una lección de economía

La forma más fácil y sencilla de entender los principios económicos básicos

EDICIONES OBELISCO

Colección Éxito
Una lección de economía
Henry Hazlitt

1.ª edición: junio de 2026

Título original: *Economics in One Lesson*

Traducción: *Daniel Aldea*
Maquetación: *Marga Benavides*
Corrección: *M.ª Ángeles Olivera*
Diseño de cubierta: *Enrique Iborra*

Edita: Ediciones Obelisco, S. L.
Collita, 23-25 Pol. Ind. Molí de la Bastida
08191 Rubí - Barcelona - España
Tel. 93 309 85 25
E-mail: info@edicionesobelisco.com

ISBN: 978-84-1172-382-4
DL B 3734-2026

Impreso en España en los talleres gráficos de Romanyà/Valls, S. A.
Verdaguer, 1 - 08786 Capellades (Barcelona)

Printed in Spain

Prefacio a la nueva edición

La primera edición de este libro, que apareció en 1946, tuvo ocho traducciones y numerosas ediciones en rústica. En la edición de 1961, se añadió un capítulo nuevo dedicado al control de los alquileres, un tema que no se había tratado de forma específica en la primera edición, aparte de una visión general sobre la regulación de precios por parte del gobierno. También se actualizaron algunas estadísticas y referencias.

Hasta la fecha, no se han introducido otros cambios de relevancia, principalmente porque no se consideraron necesarios. El propósito del libro era subrayar los principios económicos fundamentales y las consecuencias de ignorarlos, más que analizar los efectos de leyes concretas. Aunque los ejemplos se basaban sobre todo en la experiencia estadounidense, las intervenciones gubernamentales que el autor criticaba se han extendido de tal manera por todo el mundo que numerosos lectores extranjeros tuvieron la impresión de que describía las políticas económicas de sus propios países.

No obstante, han transcurrido ya treinta y dos años desde la publicación de la primera edición, por lo que considero necesaria una revisión en profundidad. Además de actualizar todos los ejemplos y estadísticas, he incorporado un capítulo completamente nuevo dedicado a la regulación de los alquileres, ya que el debate de 1961 en Estados Unidos me parece ahora obsoleto. Asimismo, he añadido un nuevo capítulo final, titulado «La lección treinta años después», con el propósito de mostrar por qué la lección resulta hoy más necesaria que nunca.

H. H.

Wilton, Connecticut, Junio de 1978

Prefacio a la primera edición

Este libro ofrece un análisis de las falacias económicas que, en las últimas décadas, han alcanzado tal preponderancia que casi han llegado a convertirse en una nueva ortodoxia. Sólo sus propias contradicciones internas lo han impedido, pues han fragmentado a sus defensores en una multitud de «escuelas» diferentes, por la sencilla razón de que, en los asuntos que afectan a la vida práctica, resulta imposible estar equivocado de manera constante. La única diferencia entre estas nuevas escuelas radica en que algunos de sus seguidores se dan cuenta antes que otros de las absurdidades a las que los llevan sus falsas premisas; y, en ese momento, caen en la inconsistencia de abandonar inadvertidamente esos supuestos o de aceptar conclusiones menos inquietantes o fantásticas que las que la lógica exigiría.

En la actualidad, no existe casi ningún gobierno importante en el mundo cuya política económica no esté influida, o incluso determinada casi por completo, por la aceptación de alguna de estas falacias. Probablemente, la manera más directa y eficaz de comprender la economía sea analizar dichos errores, y, en especial, el error fundamental del que derivan todos los demás. Ésta es, al menos, la premisa que sustenta el presente libro, así como su título, deliberadamente ambicioso y combativo.

El libro posee, por lo tanto, un carácter ante todo expositivo y no aspira a la originalidad en cuanto a las ideas principales que presenta. Su propósito es, más bien, mostrar que muchas de las teorías consideradas hoy grandes innovaciones o avances no son sino resurrecciones de antiguos errores, lo que confirma una vez más la máxima según la cual quienes ignoran el pasado están condenados a repetirlo.

Supongo que el presente ensayo puede calificarse sin ambages de «clásico», «tradicional» u «ortodoxo». Al menos, esos serán, con toda probabilidad, los epítetos con que intentarán desacreditarlo quienes defienden los sofismas que aquí se examinan. Sin embargo, el estudioso que busca aproximarse lo máximo posible a la verdad no se dejará amedrentar por tales calificativos, ni orientará todos sus esfuerzos a provocar una revolución o un supuesto «nuevo comienzo» en el pensamiento económico. Evidentemente, su mente estará tan abierta a las ideas nuevas como a las antiguas, pero sabrá contener el impulso inquieto o exhibicionista que persigue la novedad y la originalidad por sí mismas. Como observó Morris R. Cohen: «La idea de que podemos descartar las opiniones de todos los pensadores que nos han precedido deja poco margen a la esperanza de que nuestro propio trabajo resulte valioso para los demás».[1]

Dado que se trata de una obra de carácter expositivo, he recurrido libremente a las ideas de otros autores, sin ofrecer referencias detalladas más allá de algunas notas al pie y citas puntuales. Esto resulta inevitable al abordar un tema que ha sido explorado por algunas de las mentes más brillantes del mundo. No obstante, me siento particularmente en deuda con al menos tres autores, a quienes debo mencionar expresamente. Mi principal deuda, en lo que respecta al marco expositivo de esta discusión, es con el ensayo de Frédéric Bastiat *Lo que se ve y lo que no se ve*, publicado hace ya casi un siglo. De hecho, esta obra puede considerarse una modernización, ampliación y generalización del enfoque que Bastiat presentó en su panfleto. Mi segunda deuda es con Philip Wicksteed, especialmente en los capítulos dedicados a los salarios y el resumen final, cuyas conclusiones deben mucho a su *Commonsense of Political Economy*. Mi tercera deuda es con Ludwig von Mises. Dejando de lado la influencia general de sus escritos, mi principal deuda con él reside en su exposición sobre la expansión del proceso de inflación monetaria.

Si no considero recomendable mencionar nombres de autores concretos al repartir elogios, aún menos lo creo al analizar las falacias eco-

1. *Reason and Nature* (1931), pág. X.

nómicas. Hacerlo habría exigido dar justicia a cada escritor criticado de manera particular, con citas precisas, considerando el énfasis que concede a ciertos puntos, sus matices, ambigüedades o incoherencias personales. Por ello, espero que nadie se sienta demasiado decepcionado por la ausencia de nombres como Karl Marx, Thorstein Veblen, Major Douglas, Lord Keynes, el profesor Alvin Hansen y tantos otros. El objetivo de este libro no es señalar los errores de autores concretos, sino examinar los errores económicos en su forma más frecuente, extendida o influyente. De hecho, cuando las falacias alcanzan un cierto grado de popularidad, tienden a volverse anónimas, perdiendo las sutilezas y ambigüedades presentes en los autores que más contribuyeron a su difusión. La doctrina se simplifica, y el sofisma, que en ocasiones podía hallarse oculto entre matices, ambigüedades o complejas ecuaciones matemáticas, se hace más evidente. Por ello, confío en no ser acusado de injusto por presentar una exposición de una doctrina en boga que no coincida exactamente con la formulación de Lord Keynes u otro autor concreto. Lo que aquí nos interesa son las creencias sostenidas por grupos políticamente influyentes y sobre las cuales actúan los gobiernos, no los orígenes históricos de dichas creencias.

Por último, espero ser perdonado por las escasas referencias a estadísticas en las siguientes páginas. Intentar presentar una confirmación estadística al referirme a los efectos de los aranceles, la fijación de precios, la inflación y los controles sobre materias primas como el carbón, el caucho o el algodón habría hecho que este libro se extendiera mucho más allá de sus dimensiones previstas. Como periodista en activo, además, soy muy consciente de la rapidez con que las estadísticas quedan obsoletas y son reemplazadas por cifras posteriores. Quienes estén interesados en problemas económicos específicos deberían consultar discusiones actuales y «realistas» sobre aquellos, acompañadas de documentación estadística; no les resultará difícil interpretar correctamente los datos a la luz de los principios básicos que hayan aprendido.

He procurado, en la medida de lo posible, redactar este libro con la mayor sencillez y ausencia de tecnicismos compatibles con la necesaria precisión, de modo que cualquier lector sin conocimientos previos de economía pueda comprenderlo plenamente.

Aunque este libro fue concebido como un todo unitario, tres de sus capítulos se publicaron previamente en forma de artículos. Por ello, deseo expresar mi agradecimiento a *The New York Times*, *American Scholar* y *New Leader* por permitirme reproducir material originalmente publicado en sus páginas. También agradezco al profesor von Mises por revisar el manuscrito y ofrecer valiosas sugerencias. La responsabilidad de las opiniones expresadas recae, por supuesto, exclusivamente sobre mí.

H. H.
Nueva York, 25 de marzo de 1946

PRIMERA PARTE

La lección

Capítulo 1

La lección

Ninguna otra disciplina conocida está tan plagada de falacias como la economía. Esto no es fruto del azar. Si las dificultades inherentes al tema ya resultan notables por sí mismas, se multiplican considerablemente debido a un factor que en otras áreas, como la física, las matemáticas o la medicina, resulta casi insignificante: la presencia de intereses egoístas. Si bien todos los grupos comparten ciertos intereses económicos con otros, también es cierto –como veremos– que cada grupo posee intereses que se oponen a los de los demás. Mientras que algunas políticas públicas pueden beneficiar a largo plazo a toda la sociedad, otras sólo favorecen a un grupo en detrimento de los demás. El grupo beneficiado, al tener un interés tan directo en la medida, la defenderá con entusiasmo y constancia, llegando incluso a emplear a las mentes más brillantes y sobornables de su época para respaldar su causa. Como resultado, el gran público puede llegar a convencerse de que los argumentos son sólidos o, por el contrario, quedar tan confundido que le resulte imposible analizar el asunto con claridad.

Al margen de estas interminables alegaciones en defensa del interés propio, existe un segundo factor decisivo que genera a diario nuevas falacias económicas. Me refiero a la persistente tendencia del ser humano a considerar sólo las consecuencias inmediatas de una política determinada, o sus efectos en un único grupo, y a evitar la indagación de los efectos a largo plazo de dicha política, no sólo sobre ese grupo en particular, sino también sobre todos los demás. Esta falacia consiste en ignorar los efectos secundarios.

En esto radica la diferencia entre la buena y la mala economía. El mal economista sólo ve lo evidente; el buen economista es capaz de ver más allá. El mal economista sólo ve los efectos directos de una determinada medida; el buen economista también tiene en cuenta las consecuencias a largo plazo y los efectos secundarios. El mal economista sólo ve el efecto que una determinada política ha tenido o tendrá en un grupo concreto; el buen economista también indaga los efectos de dicha política sobre el resto de grupos.

La distinción puede parecer obvia. La cautela consistente en tratar de prever todas las consecuencias que tendrá una política determinada para todo el mundo es posible que sea demasiado elemental. ¿Acaso no sabe todo el mundo, por experiencia personal, que existen una serie de excesos que, aunque *a priori* puedan resultar gratos, a la larga resultan extremadamente perniciosos? ¿Acaso no saben todos los niños que si comen demasiados dulces terminarán por ponerse enfermos? ¿No sabe la persona que coge una buena cogorza que a la mañana siguiente despertará con el estómago revuelto y un espantoso dolor de cabeza? ¿No sabe el alcohólico que está destrozándose el hígado y acortando su vida? ¿Acaso no sabe el donjuán que está expuesto a todo tipo de riesgos, desde el chantaje a la enfermedad? Finalmente, y llevando el argumento a un ámbito más económico aunque asimismo humano, ¿no sabe el holgazán y el derrochador, incluso en medio de su despreocupada peripecia, que se encamina a un futuro de deudas y miseria?

Sin embargo, cuando nos adentramos en el campo de la economía pública, estas verdades elementales son completamente ignoradas. Hoy en día existen hombres considerados brillantes economistas que menosprecian el ahorro y recomiendan el despilfarro a escala nacional como medio de salvación económica; y cuando alguien señala las posibles consecuencias de estas políticas a largo plazo, responden con frivolidad, como lo haría el hijo pródigo ante las advertencias paternas: «A la larga, todos muertos». Y estas ocurrencias banales son consideradas frases lapidarias de una profunda sabiduría.

Pero la tragedia es que, en realidad, ya estamos sufriendo las consecuencias a largo plazo de políticas pasadas, sean recientes o remotas.

Hoy ya es el mañana que el mal economista nos instó a ignorar ayer. Las repercusiones de ciertas políticas económicas pueden manifestarse en pocos meses; otras, en varios años; y algunas, incluso, pueden tardar décadas en hacerse evidentes. Sin embargo, en todos los casos, estas consecuencias a largo plazo forman parte intrínseca de la política económica, de la misma manera que la gallina ya está contenida en el huevo o la flor en el interior de la semilla.

Desde este punto de vista, por lo tanto, toda la economía puede reducirse a una sola lección, y ésta, en una sola frase: *El arte de la economía consiste en el análisis, no sólo de las consecuencias inmediatas, sino también de los efectos a largo plazo de cualquier acción o política; el arte de la economía consiste en explorar las consecuencias de dicha política no sólo sobre un grupo, sino también sobre todos los sectores.*

2

Nueve décimas partes de las falacias económicas que actualmente están causando tanto daño en el mundo son consecuencia de haber ignorado esta lección. Todas esas falacias se derivan de uno de los dos errores fundamentales o de ambos: fijarse sólo en las consecuencias inmediatas de una medida o propuesta, y tener en cuenta sólo las consecuencias para un grupo en particular, descuidando al resto.

Obviamente, el error contrario también es posible. Al analizar una política, no debemos concentrarnos *sólo* en los resultados a largo plazo para la sociedad en su conjunto. Éste es el error que suelen cometer los economistas clásicos, un error que se traduce en una cierta insensibilidad hacia el destino de aquellos grupos que sufrieron perjuicios inmediatos debido a políticas o desarrollos que, a largo plazo y en términos netos, demostraron ser beneficiosos.

Hoy en día, son relativamente pocos los que incurren en este error, y la mayoría de ellos son economistas profesionales. La falacia más común, aquella que reaparece una y otra vez en casi todas las discusiones económicas, presente en innumerables discursos políticos y constitutiva del sofisma central de la llamada «nueva» economía, consiste en concentrarse en los efectos a corto plazo de las políticas sobre grupos específicos e ignorar o menospreciar sus repercusiones a largo plazo sobre la sociedad en su conjunto. Los «nuevos» economistas se jactan de que esto representa un avance casi revolucionario frente a los métodos de los economistas «clásicos» u «ortodoxos», ya que tienen en cuenta los efectos inmediatos que los anteriores solían pasar por alto. Sin embargo, al descuidar los efectos a largo plazo, cometen un error mucho más grave: no ven el bosque porque están centrados en el análisis minucioso de unos pocos árboles. A menudo, sus métodos y conclusiones resultan profundamente reaccionarios, y en ocasiones se sorprenden al descubrir que coinciden con las ideas del mercantilismo del siglo XVII. En realidad, caen –o caerían, de no ser por su incoherencia– en los antiguos errores que esperábamos que los economistas clásicos hubieran erradicado de manera definitiva.

3

A menudo se comenta con disgusto que los malos economistas presentan sus errores al público con más eficacia que los buenos economistas logran exponer sus verdades. Asimismo, se critica que los demagogos parezcan más convincentes al difundir disparates económicos desde la tribuna pública que los hombres íntegros al señalar sus fallos. Sin embargo, la razón fundamental de esto no debería ser un misterio: los demagogos y los malos economistas ofrecen verdades a medias, limitándose a hablar de los efectos inmediatos de una política o de sus consecuencias sobre un único grupo. Hasta cierto punto, es posible que en ocasiones tengan razón. En tales casos, la respuesta consiste en demostrar que la política propuesta también tendría efectos más duraderos y menos deseables, o que beneficiaría a un grupo a expensas de los demás; es decir, en complementar y corregir la verdad a medias con su otra mitad. Ahora bien, considerar todos los efectos importantes de una medida sobre toda la sociedad a menudo exige una cadena de razonamientos larga, compleja y poco atractiva. La mayoría del público encuentra difícil seguir esta cadena y pronto se aburre o deja de prestar atención. Los malos economistas aprovechan esta pereza y debilidad intelectual asegurando al público que no es necesario intentar seguir el razonamiento ni evaluarlo por sus méritos, porque sólo se trata de «clasicismo», *«laissez-faire»,* «apología capitalista» o cualquier otro término despectivo que les resulte más eficaz.

Hemos expuesto, de manera abstracta, la naturaleza de la lección y las falacias que se interponen en su camino. No obstante, la lección no calará y las falacias permanecerán inadvertidas a menos que se ilustren con ejemplos concretos. A través de ellos podremos avanzar desde los problemas más elementales de la economía hasta los más complejos y difíciles. Gracias a estos ejemplos, aprenderemos primero a identificar y evitar las falacias más evidentes y burdas, y, finalmente, algunas de las más sofisticadas y escurridizas.

A esta tarea nos dedicaremos a continuación.

SEGUNDA PARTE

La lección aplicada

Capítulo 2

El cristal roto

Comencemos con el ejemplo más sencillo posible; siguiendo el ejemplo de Bastiat, elijamos un cristal roto.

Un gamberro lanza un ladrillo contra el escaparate de una panadería. El tendero sale furioso del establecimiento, pero el chico ya ha desaparecido. Pronto se congrega una multitud que observa con silenciosa satisfacción tanto el agujero en el cristal como los fragmentos esparcidos sobre el pan y los pasteles. Al cabo de un rato, la multitud siente la necesidad de reflexionar filosóficamente. Varios de sus miembros no pierden la oportunidad de recordarse entre sí –y al panadero– que, al fin y al cabo, toda desgracia tiene un lado positivo: dará trabajo a algún cristalero. A medida que meditan sobre ello, comienzan a elaborarlo más: ¿cuánto cuesta un escaparate nuevo? ¿Doscientos cincuenta dólares? Sin duda, es una suma considerable. Pero, si los cristales nunca se rompieran, ¿qué ocurriría con el negocio del vidrio? Y entonces, claro, la reflexión se vuelve interminable: el cristalero dispondrá de 250 dólares adicionales para gastar en otros comercios, que a su vez tendrán 250 dólares más para gastar en otros establecimientos, y así sucesivamente hasta el infinito. Según esta lógica, si se llevara al extremo, el cristal roto no sería un daño, sino una fuente de riqueza y empleo; y el chiquillo que lanzó el ladrillo, lejos de ser una amenaza pública, sería un benefactor.

Sigamos adelante y analicemos la cuestión desde otra perspectiva. Los testigos del incidente tenían razón, al menos en su primera conclusión. Este pequeño acto de vandalismo, en principio, se traducirá en más beneficios para algún cristalero, quien recibirá la noticia del incidente con semejante satisfacción a la del propietario de una funeraria al enterarse de un fallecimiento. Sin embargo, el panadero perderá los 250 dólares que tenía pensado gastar en un traje nuevo. Al tener que reemplazar el cristal del escaparate, se verá obligado a prescindir del traje nuevo o de alguna otra necesidad o lujo equivalente. En lugar de tener un cristal y 250 dólares, ahora sólo dispondrá de un cristal. O, como tenía pensado comprar el traje esa misma tarde, en vez de tener un cristal y un traje, deberá conformarse sólo con el cristal. Si pensamos en él como parte de la sociedad, ésta habrá perdido un traje nuevo que podría haber existido en otras circunstancias, y por eso su pobreza se verá incrementada de forma correspondiente.

En resumidas cuentas, lo que gana el cristalero es justamente lo que pierde el sastre. No se ha añadido ningún tipo de nuevo «empleo». La gente reunida frente a la panadería sólo tenía en cuenta las dos partes de la transacción, es decir, el panadero y el cristalero, olvidando la tercera parte potencialmente interesada: el sastre. Este olvido responde justo a la ausencia del sastre en la escena. Dentro de uno o dos días, la gente verá el nuevo escaparate, pero nunca verá el nuevo traje potencial, precisamente porque éste nunca existirá. Sólo ven aquello que tienen delante de sus narices.

Capítulo 3

Los beneficios de la destrucción

Por tanto, el suceso del cristal roto tiene una conclusión lógica: se trata de una falacia elemental. Cabe pensar que cualquiera podría evitarla con sólo unos momentos de reflexión. Sin embargo, este tipo de falacias, a menudo encubiertas bajo mil disfraces, es la más persistente en la historia de la economía, y en la actualidad está más extendida que nunca. Cada día es solemnemente proclamada por capitanes de la industria, cámaras de comercio, líderes sindicales, articulistas, columnistas de prensa, comentaristas de radio y televisión, eruditos estadísticos que se sirven de las técnicas más refinadas y profesores de economía de las más prestigiosas universidades. Cada uno a su manera, todos ellos se explayan sobre las ventajas de la destrucción.

Aunque algunos de ellos no se atreverían a afirmar que los pequeños actos de destrucción generan beneficios, están convencidos de que los grandes actos destructivos traen beneficios casi ilimitados. Aseguran que estamos mucho mejor económicamente en tiempos de guerra que en tiempos de paz; ven «milagros de producción» que sólo origina la guerra y un mundo posbélico de prosperidad que sólo puede alcanzarse gracias a una enorme demanda «acumulada» o «diferida». En Europa, después de la Segunda Guerra Mundial, se dedicaron a señalar alegremente las casas y ciudades enteras que habían sido arrasadas y que «tenían que ser reconstruidas». En Estados Unidos enumeraron las casas que no se pudieron construir durante el conflicto bélico, las medias de nailon que no se pudieron suministrar, los automóviles y neumáticos inservibles, los aparatos de radio y frigoríficos obsoletos. Al final, las cifras resultaban formidables.

Nos encontramos, una vez más, con nuestra vieja amiga, la falacia del cristal roto, eso sí, con ropa nueva y tras haber engordado tanto que resulta difícil de reconocer. Esta vez viene acompañada de todo un séquito de falacias relacionadas. Como la que lleva a confundir *necesidad* con *demanda*. Cuanto más destruye la guerra, cuanto mayor es el empobrecimiento, tanto mayor es la necesidad en la posguerra. De eso no cabe duda. Ahora bien, necesidad no es lo mismo que demanda. La auténtica demanda económica requiere no sólo necesidad, sino también el correspondiente poder adquisitivo. Las necesidades de la India actual son incomparablemente mayores que las de Estados Unidos, pero su poder adquisitivo y, por lo tanto, el «nuevo negocio» que puede estimular, es incomparablemente menor.

Ahora bien, al superar este punto, cabe la posibilidad de caer en otra falacia, una que suelen esgrimir también los partidarios de la teoría del cristal roto. Piensan en el «poder adquisitivo» únicamente en términos monetarios, y actualmente el dinero puede imprimirse con facilidad. De hecho, en el momento de escribir estas líneas, la impresión de dinero es la mayor industria del planeta, siempre y cuando valoremos el producto en términos estrictamente monetarios. Sin embargo, cuanto más dinero se produce de esta manera, más disminuye el valor de la unidad monetaria. La depreciación queda reflejada en el incremento de los precios de los productos básicos. Pero como la mayoría de la gente tiene la arraigada costumbre de pensar en su riqueza e ingresos en términos monetarios, se considera más próspero cuando aumentan esos totales monetarios, a pesar de que en términos de bienes pueda tener y comprar menos. Casi todos los «buenos» resultados económicos que la gente atribuyó en aquel momento a la Segunda Guerra Mundial en realidad se debieron a la inflación propia de los tiempos de guerra. Se podrían haber producido, y de hecho se produjeron, idénticos resultados por una inflación equivalente en tiempos de paz. Más adelante retomaremos esta ilusión monetaria.

Como en la falacia del cristal roto, la de la demanda «diferida» también oculta una verdad a medias. Si el cristal roto supuso un aumento del negocio para el cristalero, la destrucción bélica se tradujo en mayores beneficios para los productores de ciertos artículos. La destrucción de casas y ciudades supuso un aumento de trabajo para el sector de la construcción. La imposibilidad de fabricar automóviles, aparatos de radio y frigoríficos durante la guerra provocó una demanda acumulada después de ésta de *estos productos en particular*.

Para la mayoría de las personas, esto parece un aumento de la demanda, y en parte lo era, aunque sólo en términos de *dólares de inferior valor adquisitivo*. En realidad, lo que pasó es que la demanda se había desviado a estos productos en concreto, dejando al margen a todos los demás. La población europea construyó más viviendas nuevas de lo habitual porque no le quedaba más remedio, pero al hacerlo, disponía de menos mano de obra y capacidad productiva para otros sectores. Al comprar casas, tenían proporcionalmente menos poder adquisitivo para otras cosas. Allí donde el negocio aumentaba en un sector, se reducía de forma equivalente en otro, excepto en la medida en que la sensación de necesidad y urgencia estimulaba la actividad productiva.

En resumen, la guerra cambió la *dirección* de los esfuerzos posbélicos, transformando el equilibrio de los diversos sectores industriales y la propia estructura de la industria.

Desde el fin de la Segunda Guerra Mundial en Europa, se ha registrado un «crecimiento económico» rápido e incluso espectacular, tanto en los países que sufrieron los estragos de la guerra como en los que no. Algunos de los países en los que se produjo una mayor destrucción, como es el caso de Alemania, han avanzado más rápidamente que otros, como Francia, donde los estragos fueron mucho menores. En parte, fue gracias a que Alemania Occidental aplicó políticas económicas más sensatas, y en parte, porque la apremiante necesidad de restaurar viviendas y condiciones de vida normales obligó a todos a esforzarse más. Pero esto no significa que la destrucción de la propiedad sea una ventaja para la persona cuya propiedad ha sido destruida. Nadie quema su propia casa con la idea de que se sentirá motivado por la urgencia de reconstruirla.

Tras una guerra, suele producirse un aumento temporal de la actividad y el esfuerzo. Al comienzo del famoso tercer capítulo de su *Historia política de Inglaterra,* Macaulay señaló lo siguiente:

Ninguna desgracia común, ni siquiera un gobierno habitualmente inepto, puede arruinar a una nación tanto como el progreso constante del conocimiento y el esfuerzo continuo de sus ciudadanos por superarse pueden hacerla próspera. A lo largo de la historia se ha comprobado con frecuencia que los gastos excesivos, los impuestos elevados, las restricciones comerciales absurdas, la corrupción judicial, las guerras desastrosas, las revueltas, las persecuciones, los incendios y las inundaciones no han logrado destruir la riqueza de una nación con la misma rapidez con que los esfuerzos de sus ciudadanos privados han sabido crearla.

Nadie desearía que su propiedad fuera destruida, ni en tiempos de guerra ni en tiempos de paz. Lo que resulta perjudicial para una persona lo es también para la colectividad que conforma la nación.

Muchas de las falacias más frecuentes en el razonamiento económico provienen de la propensión, especialmente marcada hoy en día, a pensar en términos abstractos –la colectividad, la «nación»– y a olvidar o ignorar a los individuos que la componen y le dan significado. Nadie consideraría que la destrucción bélica es un beneficio económico si primero se pusiera a pensar en la gente cuya propiedad ha sido destruida.

Quienes piensan que la destrucción bélica aumenta la «demanda» olvidan que la demanda y la oferta son sólo dos caras de la misma moneda; son lo mismo visto desde perspectivas diferentes. La oferta crea demanda porque, en el fondo, *es* demanda. La única oferta que las personas tienen para intercambiar por lo que desean es justamente lo que producen. En este sentido, la oferta de trigo por parte de los agricultores constituye su demanda de automóviles y otros bienes. Todo esto forma parte de la moderna división del trabajo y de una economía basada en el intercambio.

Es cierto que este hecho fundamental pasa inadvertido para la mayoría de la gente, incluso para algunos economistas supuestamente brillantes, debido a ciertas complicaciones como el pago de salarios y la forma indirecta, mediante dinero, en que se efectúan casi todos los intercambios modernos. John Stuart Mill y otros escritores clásicos, aunque a veces no tuvieran suficientemente en cuenta las complejas consecuencias derivadas del uso del dinero, al menos lograron ver más allá del «velo monetario» y percibir las realidades que éste ocultaba. En ese sentido, aventajaban a muchos de los críticos actuales, quienes se dejan confundir por el dinero en vez de aprender de él. La simple inflación –la mera emisión de más dinero, que provoca un aumento de los salarios y los precios– puede dar la impresión de generar más demanda. Sin embargo, en términos de producción real e intercambio de bienes, no lo hace.

Debería ser evidente que el poder adquisitivo real se ve reducido en la misma medida en que se reduce la capacidad productiva. No debemos dejarnos engañar ni confundir por la manera en que la inflación monetaria hace subir los precios o la «renta nacional» en términos monetarios.

A veces se dice que los alemanes o los japoneses tuvieron una ventaja después de la guerra sobre los estadounidenses, ya que sus fábricas, destruidas por completo durante los bombardeos, pudieron ser reemplazadas por plantas y equipos modernos, permitiéndoles producir más eficientemente y a menor costo que los estadounidenses, que contaban con instalaciones antiguas y en parte obsoletas. Pero si eso fuera realmente una clara ventaja, los estadounidenses podrían compensarla con facilidad destruyendo de inmediato sus antiguas plantas y desechando todos los equipos antiguos. De hecho, todos los fabricantes de todos los países podrían desechar sus viejas plantas y equipos para instalar nuevas instalaciones y maquinaria moderna.

La verdad sencilla es que hay una tasa de reemplazo ideal y un momento óptimo para llevarlo a cabo. Sólo sería ventajoso para un fabricante que su fábrica y maquinaria fueran destruidas por bombas si llegara el momento en que, por desgaste y obsolescencia, su planta y equipo ya no valieran nada o incluso tuvieran valor negativo, y las bombas cayeran justo cuando de todos modos debería haber mandado demoler o sustituir el equipo.

Es cierto que la depreciación y la obsolescencia anteriores, si no se reflejan adecuadamente en los registros contables, pueden hacer que la destrucción de la propiedad resulte, en términos netos, menos perjudicial de lo que aparenta. Asimismo, la existencia de nuevas plantas e instalaciones acelera el proceso de obsolescencia de las más antiguas. Si los propietarios de estos activos antiguos intentan prolongar su uso más allá del período en que su explotación maximiza el beneficio, entonces los productores cuyas plantas e instalaciones fueron destruidas –suponiendo que dispongan tanto de la voluntad como del capital necesario para sustituirlas por nuevas– obtendrán una ventaja comparativa o, para ser más precisos, verán reducida su pérdida relativa.

En resumidas cuentas, podemos llegar a la conclusión de que nunca es ventajoso que los proyectiles o las bombas destruyan nuestras instalaciones, a menos que éstas ya hayan perdido todo su valor o hayan adquirido un valor negativo como consecuencia de la depreciación y la obsolescencia.

Además, en todo este debate hemos omitido una consideración fundamental. Las instalaciones y los equipos no pueden ser sustituidos por un individuo (o un gobierno socialista) a menos que tanto el uno como el otro dispongan de ahorros o del capital necesario para llevar a cabo la sustitución. El problema es que la guerra también destruye el capital acumulado.

Es cierto que puede haber factores compensatorios. Los descubrimientos y avances tecnológicos durante la contienda, por ejemplo, pueden incrementar en mayor o menor medida la productividad individual o nacional, por lo que es posible que, al final, se produzca un aumento de la productividad global. La demanda de posguerra nunca reproducirá el patrón exacto de la demanda de preguerra. No obstante, tales complicaciones no deben desviarnos del reconocimiento de una verdad fundamental: la destrucción deliberada de cualquier cosa que posea un valor real constituye siempre una pérdida neta, una desgracia o un desastre, y, por más que en determinados casos puedan existir consideraciones compensatorias, nunca podrá representar, en el balance final, un beneficio ni una bendición.

Capítulo 4

Las obras públicas aumentan los impuestos

En el mundo actual no hay creencia más arraigada e influyente que aquella que glorifica el gasto público. Está en todas partes, y suele presentarse como la panacea de todos nuestros males económicos. ¿Está la industria privada parcialmente estancada? Todo puede solucionarse con dinero público. ¿Hay desempleo? No cabe duda de que se debe al «insuficiente poder adquisitivo privado». La solución es igual de obvia. Lo único que hay que hacer es que el gobierno gaste lo necesario para compensar la «deficiencia».

Existe abundante bibliografía basada en esta falacia y, como suele ocurrir con las doctrinas de este tipo, se ha convertido en parte de una intrincada red de falacias que se sustentan mutuamente. Aunque no podemos explorar aquí toda esta red, más adelante retomaremos alguna de sus ramificaciones. Pero sí podemos examinar aquí la falacia original de la que deriva el resto de falacias, la rama principal de la red.

Todo lo que obtenemos, aparte de los regalos que la naturaleza nos brinda sin costo alguno, debe pagarse de alguna manera. No obstante, el mundo está lleno de supuestos economistas rebosantes de proyectos para obtener algo a cambio de nada. Aseguran que el gobierno puede gastar sin límite y sin recurrir a los impuestos; que puede seguir acumulando deudas que nunca saldará porque «nos la debemos a nosotros mismos». Más adelante retomaremos tan extraordinarias doctrinas. De momento, me temo que tendremos que ponernos dogmáticos y señalar que, en el pasado, esos sueños tan agradables siempre se han visto truncados por la insolvencia nacional o una inflación galopante. Aquí nos limitaremos a decir que todos los gastos del gobierno deben sufragarse mediante la contribución fiscal; que la propia inflación no es más que una forma particularmente perversa de tributación.

Dejando para más adelante la consideración de la red de falacias que se apoyan en el endeudamiento crónico del gobierno y la inflación, debemos dejar bien claro a través de este capítulo que, ya sea de forma inmediata o en última instancia, cada dólar de gasto público procede de un dólar obtenido a través de los impuestos. Al considerar la cuestión desde esta perspectiva, los supuestos milagros del gasto público aparecen a una luz muy distinta.

Es necesaria una cierta cantidad de gasto público para desempeñar las funciones esenciales del gobierno. Es preciso un cierto número de obras públicas –calles, carreteras, puentes y túneles, arsenales y astilleros, edificios para albergar los cuerpos legislativos, los departamentos de policía y los parques de bomberos– para atender los servicios públicos básicos. Este tipo de obras públicas, necesarias por sí mismas y defendidas sólo por ese motivo, quedan fuera del alcance de este estudio. Lo que aquí nos interesan son las obras públicas consideradas como un medio de «proporcionar empleo» o añadir una riqueza a la sociedad de la que de otro modo habría carecido.

Pongamos que se construye un puente. Si se hace para satisfacer una insistente demanda pública, si resuelve un problema de tráfico o de transporte que de otro modo resultaría insoluble, si, en resumidas cuentas, es incluso más necesario que las cosas en las que los contribuyentes habrían gastado su dinero de no haber tenido que pagar impuestos, entonces no cabe ninguna objeción. Pero un puente construido principalmente «para proporcionar empleo» es un tipo de puente muy distinto. Cuando proporcionar empleo se convierte en la finalidad, la necesidad pasa a ser una cuestión secundaria. Deben *inventarse* «proyectos». En lugar de pensar sólo dónde *deben* construirse los puentes, los responsables del gasto público pasan a preguntarse dónde *pue-*

den erigirlos. ¿Pueden pensar en razones plausibles por las que otro puente debería conectar Easton con Weston? Poco tiempo después se convierte en algo del todo esencial, y los que osan expresar alguna duda al respecto son inmediatamente tachados de obstruccionistas y reaccionarios.

Se esgrimen dos argumentos a favor del puente: uno se escucha principalmente antes de su construcción y, el otro, cuando éste ya está terminado. El primer argumento asegura que el puente proporcionará empleo; pongamos, unos 500 puestos de trabajo durante un año, dándose a entender que estos puestos de trabajo no se habrían creado de ningún otro modo.

Esto es lo que se ve a primera vista. Pero si somos capaces de tener en cuenta las consecuencias a largo plazo y no sólo las inmediatas, sin eliminar de la ecuación a los indirectamente afectados por el proyecto gubernamental para priorizar a los directamente beneficiados, el panorama que se abre ante nosotros es bien distinto. Es cierto que un grupo determinado de trabajadores tendrá más facilidad para encontrar empleo. Pero el puente tiene que sufragarse mediante gasto público. Por cada dólar gastado en el puente, los contribuyentes deberán pagar un dólar a través de sus impuestos. Si el puente cuesta 10 millones de dólares, los contribuyentes perderán 10 millones de dólares. Se les arrebatará esa cantidad que, en otras circunstancias, habrían gastado en las cosas que más necesitaban.

Por lo tanto, por cada puesto de trabajo público creado por el proyecto del puente, se ha destruido un puesto de trabajo privado en otro lugar. Podemos ver a los hombres que trabajan en el puente. Podemos verlos trabajar. El argumento del empleo que esgrimen los inversores del gobierno se vuelve tangible y, probablemente, convincente para la mayoría de la gente. Ahora bien, hay otras cosas que no vemos porque, desgraciadamente, se ha impedido que lleguen a existir. Nos referimos a los puestos de trabajo destruidos por los 10 millones de dólares que se les ha arrebatado a los contribuyentes. En el mejor de los casos, lo único que ha provocado el proyecto es una *desviación* de puestos de trabajo. Más constructores de puentes, pero menos trabajadores en la industria del automóvil, técnicos de televisión, obreros textiles o agricultores.

Pero hemos llegado ya al segundo argumento. El puente es una realidad. Supongamos que es un puente bonito y no una de esas espantosas construcciones. Ha surgido gracias a la magia de la inversión pública. ¿Qué habría sido de él si los obstruccionistas y los reaccionarios se hubieran salido con la suya? Pues que no habría puente y que el país hubiese sido más pobre sin ese valor añadido.

Una vez más, los inversores públicos tienen las de ganar frente a aquellos que no saben ver más allá de sus narices. Pueden ver el puente delante de ellos, pero si hubieran aprendido a tener en cuenta tanto las consecuencias indirectas como las directas, serían capaces de ver con los ojos de la imaginación las posibilidades que no han podido materializarse. Verían las casas sin edificar, los coches y lavadoras sin fabricar, los vestidos y abrigos sin confeccionar, quizá incluso los alimentos sin cultivar y sin vender. Para ver estas cosas no creadas se requiere un tipo de imaginación que pocas personas poseen. Podemos pensar en estos objetos inexistentes quizás una vez, pero no podemos mantenerlos en nuestra mente como hacemos con el puente que cruzamos todos los días para ir a trabajar. Lo que ha sucedido es, sencillamente, que se ha creado una cosa en lugar de otras.

2

El mismo razonamiento es aplicable, por supuesto, a cualquier otro tipo de obra pública. Es igualmente aplicable, por ejemplo, a la construcción con fondos públicos de viviendas para personas con bajos ingresos. Lo que ocurre en realidad es que se recauda dinero a través de los impuestos de las familias con ingresos más altos (y quizás también un poco de las familias con ingresos aún más bajos), obligándolas a subvencionar a familias con bajos ingresos para que puedan vivir en mejores viviendas pagando por ello el mismo alquiler o uno más bajo del que estaban pagando antes.

No pretendo entrar aquí en el debate de los pros y contras de la construcción de vivienda pública. Sólo quiero señalar el error inherente a dos de los argumentos esgrimidos con mayor frecuencia en favor de ésta. Uno es el de que este tipo de construcciones «crea empleo»; el otro, que crea una riqueza que de otro modo no se habría generado. Ambos argumentos son falsos, ya que pasan por alto lo que los impuestos impiden generar. Los impuestos destinados a la vivienda pública destruyen tantos puestos de trabajo en otros sectores como los que crean en el sector de la vivienda. Asimismo, son los responsables de que no se construyan viviendas privadas, que no se fabriquen lavadoras y frigoríficos y que falten muchos otros productos y servicios.

Y nada de todo esto se rebate con el tipo de réplica que asegura, por ejemplo, que la vivienda pública no tiene por qué financiarse mediante una aportación de capitales ingentes, sino simplemente mediante aportaciones anuales. Esto sólo significa que el coste para los contribuyentes se distribuye a lo largo de muchos años en lugar de concentrarse en uno solo. Tales tecnicismos son irrelevantes para el argumento principal.

La gran ventaja psicológica de los defensores de la vivienda pública es que puede observarse tanto a los obreros trabajando en las casas mientras las están construyendo como las propias casas una vez éstas están terminadas. La gente vive en ellas y se las enseñan con orgullo a sus amigos. Nadie ve los puestos de trabajo destruidos por los impuestos invertidos en la construcción de dichas viviendas, ni tampoco los bienes y servicios que nunca se han fabricado. Es necesario un gran esfuerzo de la imaginación, uno que debe renovarse cada vez que se ven las casas y a sus felices habitantes, para pensar en la riqueza que no se ha creado. ¿Debería sorprendernos que los partidarios de la vivienda pública, cuando son preguntados por ello, descarten esta argumentación, considerándola un cúmulo de entelequias y de meras objeciones teóricas, mientras señalan con el dedo las viviendas públicas recién construidas? Nos recuerda a aquel personaje de *Santa Juana,* de Bernard Shaw, que cuando se le habla de la teoría de Pitágoras sobre la esfericidad de la Tierra y su movimiento alrededor del sol, exclama: «¡Menuda tontería! ¿Que no tiene ojos en la cara?».

Una vez más, debemos aplicar un razonamiento similar para grandes proyectos como el Tennessee Valley Authority (Autoridad del Valle del Tennessee). En este caso, debido a su enorme tamaño, el peligro de la ilusión óptica es mayor que nunca. Estamos ante una presa imponente, una formidable estructura de acero y hormigón, «mayor que cualquier cosa que el capital privado hubiera podido construir», fetiche de fotógrafos, paraíso de socialistas y el símbolo más recurrente de los milagros de la construcción, la propiedad y la iniciativa públicas. Han aparecido imponentes generadores y centrales eléctricas. Según se comenta, toda una región ha sido elevada a un nivel económico superior, fenómeno que ha provocado la proliferación de fábricas e industrias que de otro modo no habrían podido existir. Y todo ello se presenta, en los panegíricos de sus partidarios, como un claro éxito económico sin ningún tipo de contrapartidas.

No es éste el lugar adecuado para analizar los méritos del TVA o los de otros proyectos públicos similares. Pero esta vez debemos realizar un esfuerzo especial de imaginación, que pocas personas parecen capaces de hacer, para valorar el lado negativo de la balanza. Si los impuestos recaudados de los ciudadanos y las empresas se invierten en una zona concreta del país, ¿por qué debería sorprendernos, por qué debería considerarse un milagro, que esa zona se vuelva comparativamente más rica? No olvidemos que otras zonas del país serán, por lo tanto, comparativamente más pobres. De hecho, lo que «el capital privado no podía construir» ha sido construido, de hecho, por el capital privado; por el capital obtenido de los contribuyentes mediante la exacción fiscal, o si éste proviene de préstamos, también será finalmente liquidado a través de las recaudaciones de impuestos. Una vez más, debemos hacer un esfuerzo de imaginación para ver las centrales eléctricas privadas, las casas privadas, las máquinas de escribir y los televisores que nunca llegaron a existir porque a los ciudadanos de todo el país se les arrebató su dinero para sufragar la construcción de la fotogénica presa Norris.

3

He elegido deliberadamente los ejemplos más favorables de programas de inversión pública, es decir, aquellos que con mayor frecuencia y pasión aconsejan los responsables del gasto público y son más apreciados por el público. He dejado de lado los cientos de proyectos inútiles que se emprenden de manera invariable con el único objetivo de «crear empleo» y «dar trabajo a la gente». Porque entonces la utilidad del proyecto en sí, como hemos visto, se convierte inevitablemente en una consideración secundaria. Además, cuanto más derrochadora sea la obra, cuanto más costosa sea la mano de obra, mejor cumplirá el propósito de proporcionar mayor cantidad de empleo. En tales circunstancias, es poco probable que los proyectos ideados por los burócratas proporcionen la misma cantidad de riqueza y bienestar por cada dólar gastado que el que habrían proporcionado los propios contribuyentes si se les hubiera permitido comprar o producir a cada uno aquello que deseaba, en lugar de verse obligados a entregar parte de sus ingresos al Estado.

Capítulo 5

Los impuestos desalientan la producción

Existe otro factor más que hace improbable que la riqueza creada por la inversión pública compense del todo la riqueza destruida por los impuestos recaudados para el pago de dichas inversiones. No se trata simplemente, como suele suponerse, de sacar algo del bolsillo derecho de la nación para ponerlo en el izquierdo. Los inversores estatales nos dicen, por ejemplo, que si la renta nacional de Estados Unidos, por ejemplo, es de 1,5 billones de dólares, entonces unos impuestos federales de 360.000 millones anuales significa que sólo se transfiere el 24 % de la renta nacional de fines privados a fines públicos. Visto de este modo, es como si el país fuera una unidad de recursos combinados, como lo son las grandes empresas, y como si todo lo que estuviera en juego fuera una mera transacción contable. Los inversores públicos suelen olvidar que están tomando el dinero a A para entregárselo a B. O, mejor dicho, son perfectamente conscientes de ello; pero mientras se explayan sobre todos los beneficios que el proceso reporta a B y sobre todas las consecuencias maravillosas que obtendrá y que no hubiera tenido si el dinero no se le hubiera transferido, no tienen en cuenta los efectos que la transacción tendrá sobre A. Sólo ven a B y se olvidan de A.

En el mundo moderno no se aplica el mismo porcentaje de impuesto sobre la renta a todo el mundo. La mayor carga fiscal debe soportarla un sector muy determinado de la renta nacional, y esta contribución debe complementarse con otro tipo de impuestos, un gravamen que acaba afectando inevitablemente a las acciones e incentivos de aquellos que deben soportarlo. Cuando una empresa pierde cien centavos por cada dólar perdido y sólo se le permite retener cincuenta y dos centavos de cada dólar ganado; cuando no puede compensar adecuadamente sus años de pérdidas con sus años de ganancias, su capacidad de acción se ve seriamente afectada. No amplía sus operaciones, o si lo hace, sólo aumenta aquellas que conllevan un riesgo mínimo. Las personas que se dan cuenta de esta situación se ven disuadidas de crear nuevas empresas. De este modo, los empresarios que ya existen no generan más empleo, o no tanto como podrían haber creado, mientras otros deciden no convertirse en empresarios. La mejora de la maquinaria y la renovación de las instalaciones industriales se produce a un ritmo mucho más lento de lo que lo habría hecho en otras circunstancias. A la larga, esto se traduce en que los consumidores no pueden obtener mejores productos a un precio más reducido y que los salarios reales se mantienen bajos en comparación con lo que podrían haber sido.

Se produce un efecto similar cuando los ingresos personales se gravan con un 50, 60 o 70 %. La gente empieza a preguntarse por qué debería trabajar seis, ocho o nueve meses al año para el gobierno y sólo seis, cuatro o tres meses para ellos mismos y sus familias. Si pierden el dólar completo cuando pierden, pero sólo pueden quedarse con una parte de él cuando ganan, llegan a la conclusión de que no merece la pena arriesgar su capital. Además, el capital riesgo disponible se reduce enormemente, quedando sujeto a imposición fiscal incluso antes de que pueda acumularse. En resumidas cuentas, al capital que podría proporcionar más empleo privado se le impide, en primer lugar, que llegue a existir, y la parte que sí llega a hacerlo se la desincentiva a la hora de emprender nuevos negocios. Por tanto, los inversores públicos acaban creando el desempleo que tanto deseaban evitar.

Por supuesto, una cierta carga fiscal es indispensable para llevar a cabo las funciones esenciales del gobierno. Unos impuestos razonables y adecuados para este propósito no tienen por qué afectar demasiado a la producción industrial. Los servicios públicos que ofrecen a cambio, y que además protegen la propia producción, compensan con creces ese coste. Ahora bien, cuanto mayor sea el porcentaje de renta nacional que termine en las arcas del fisco, mayor será la disuasión sobre la producción y el empleo privados. Cuando la carga tributaria total supera unos niveles soportables, la tarea de crear nuevos impuestos que no desalienten ni perturben la producción se vuelve insoluble.

Capítulo 6

El crédito altera la producción

El «estímulo» estatal a los negocios a veces resulta tan pernicioso como su hostilidad. Este supuesto estímulo suele presentarse en forma de concesión directa de créditos estatales o bien en forma de aval de préstamos privados.

La cuestión del crédito público puede llegar a complicarse considerablemente cuando se añade a la ecuación el elemento de la inflación. Sin embargo, dejaremos para más adelante el análisis de los efectos de la inflación en sus diversas formas. Para simplificar las cosas, aquí asumiremos que el crédito del que hablamos no es inflacionario. La inflación, como veremos más adelante, aunque complica el análisis, en última instancia, no altera las consecuencias de las políticas tratadas.

Una de las propuestas de este tipo que con mayor frecuencia son presentadas al Congreso tiene que ver con la concesión de más crédito a los agricultores. A juicio de la mayoría de los congresistas, los agricultores nunca disponen de suficiente crédito, ya que el crédito proporcionado por las compañías financieras privadas, compañías de seguros o bancos rurales nunca les parece «adecuado». El Congreso siempre encuentra nuevos sectores que no están cubiertos por las instituciones financieras existentes, independientemente de cuántas de éstas haya creado por su propia iniciativa. Puede que los agricultores dispongan de suficiente crédito a largo o corto plazo, pero, al parecer, no cuentan con el suficiente crédito «intermedio», el tipo de interés es demasiado alto o se quejan de que los préstamos privados sólo se conceden a agricultores ricos y con una sólida trayectoria. De este modo, el poder legislativo va acumulando nuevas instituciones crediticias y nuevas variedades de préstamos agrícolas.

La fe en todas estas políticas, como veremos, se fundamenta en un doble acto de miopía. El primero consiste en examinar el asunto únicamente desde el punto de vista de los agricultores que solicitan el crédito. El otro, pensar exclusivamente en la primera mitad de la transacción.

Ahora bien, todos los préstamos, a juicio de todo prestatario honesto, con el tiempo deben ser devueltos. Todo crédito representa una deuda. Las propuestas que pretenden aumentar el volumen de los empréstitos, por lo tanto, no son más que otra forma de llamar al aumento de la deuda. Las propuestas resultarían mucho menos atractivas si habitualmente nos refiriéramos a ellas con el segundo apelativo en lugar del primero.

No es necesario que nos detengamos aquí en los préstamos normales que reciben los agricultores a través de fuentes privadas. Éstos consisten en hipotecas, créditos a plazos para la compra de automóviles, frigoríficos, televisores, tractores y demás maquinaria agrícola, y en préstamos bancarios para que el agricultor pueda mantenerse hasta el momento de la cosecha, cuando puede vender sus productos. Aquí nos ocuparemos tan sólo de los créditos otorgados directamente a los agricultores por algún organismo estatal o mediante su aval.

Estos préstamos son sobre todo de dos tipos. Por un lado, están aquellos créditos que permiten al agricultor mantener su cosecha fuera del mercado. Éste es un tipo de crédito especialmente dañino, pero será más conveniente considerarlo más adelante, cuando tratemos el tema del control gubernamental sobre las mercancías. El otro es un préstamo para proporcionarle capital, y a menudo incluso para montar un negocio, permitiéndole comprar la propia granja, una mula, un tractor o las tres cosas a la vez.

A primera vista, la justificación de este tipo de préstamo puede parecer convincente. He aquí una familia pobre, se dirá, sin medios de subsistencia. Es cruel e ineficiente mantenerlos de la asistencia social. Proporcionémosles una granja y las condiciones necesarias para que puedan empezar un negocio; convirtámoslos en ciudadanos productivos y respetables que contribuyan al incremento de la riqueza nacional y que cancelen el préstamo con el fruto de su producción. O imaginemos a otro agricultor que utiliza métodos primitivos de producción porque carece del capital necesario para comprarse un tractor. Prestémosle dinero para uno; cuando aumente su productividad, podrá devolver el préstamo con los beneficios de una mayor cosecha. De este modo, no sólo se enriquece y se pone en marcha a un agricultor, sino que también estamos enriqueciendo a toda la comunidad con esa producción adicional. Y el préstamo, concluye el razonamiento, le cuesta al gobierno y a los contribuyentes menos que nada, ya que es «autoliquidable».

Pues bien, en realidad eso es precisamente lo que hace todos los días el crédito privado. Si alguien desea comprar una granja y sólo tiene la mitad o un tercio del coste total, un vecino o una caja de ahorros le presta el resto a través de una hipoteca sobre la granja en cuestión. Si desea comprar un tractor, la propia empresa que los produce o una compañía financiera le facilitará la compra pagando un tercio del coste total al contado y saldando el resto a plazos con las ganancias que el propio tractor le ayude a generar.

No obstante, existe una importante diferencia entre los préstamos otorgados por prestamistas privados y los concedidos por una agencia pública. El prestamista privado arriesga sus propios fondos. (Es cierto que un banquero arriesga fondos que le han confiado terceras personas; pero si el dinero se pierde, debe cubrirlo con sus propios recursos o se ve obligado a dejar el negocio). Cuando la gente arriesga su propio dinero, suele ser cuidadosa al investigar la adecuación de los activos ofrecidos en garantía y la capacidad y honestidad empresarial del prestatario.

Si el Estado operara bajo estas mismas normas tan estrictas, no habría motivo para justificar su exclusión de este sector. ¿Por qué repetir exactamente lo que ya hacen las empresas privadas? Sin embargo, el gobierno actúa, casi de manera invisible, con criterios muy distintos. De hecho, toda la argumentación que justifica su participación se basa en que proporcionará préstamos a personas que no podrían obtenerlos de prestamistas privados. Esto no es más que otra forma de decir que los prestamistas públicos asumirán con el dinero de otras personas (los contribuyentes) mayores riesgos de los que los prestamistas están dispuestos a correr con su propio dinero. A veces, de hecho, los propios defensores de estas políticas reconocen abiertamente que el porcentaje de pérdidas será mayor en los préstamos gubernamentales que en los privados. Pero sostienen que esto se verá más que compensado por la producción adicional generada por los prestatarios que sí devolverán los suyos, e incluso por la mayoría de los que no lo hacen.

Este argumento parece plausible si sólo nos fijamos en los prestatarios que reciben fondos públicos, olvidando a todos aquellos a quienes esta iniciativa les impide obtener financiación. Porque lo que realmente se presta no es dinero, el cual no es más que un mero instrumento de intercambio, sino capital. (Ya hemos advertido anteriormente que dejaremos para más adelante las complicaciones introducidas por una expansión inflacionaria del crédito). Lo que en realidad se presta, por ejemplo, es la granja o el tractor. Ahora bien, el número de granjas disponibles es limitado, como también lo es la producción de tractores (suponiendo, claro está, que no haya un exceso en la producción de tractores a expensas de otros sectores). La granja o el tractor que se presta a A no puede prestarse a B. La verdadera cuestión consiste, por lo tanto, en determinar quien debe recibir la granja, A o B.

Esto nos lleva a considerar los méritos respectivos de A y B, así como lo que cada uno de ellos aporta, o es capaz de aportar, a la producción. Pongamos que, sin la injerencia estatal, quien obtendría la granja es A. El banquero local o sus vecinos lo conocen personalmente, conocen su historial. Y ellos desean invertir sus fondos. Saben que es un buen agricultor y un hombre honrado que cumple su palabra. Lo consideran un riesgo adecuado. Quizá ya ha acumulado, gracias al esfuerzo, la frugalidad y la previsión, suficiente dinero en efectivo para pagar una cuarta parte del coste de la granja. Le prestan las tres cuartas partes restantes y el agricultor obtiene la granja.

Existe la extraña creencia, muy difundida por los fanáticos de las teorías monetarias, de que el crédito es algo que otorga el banquero. Pero, por el contrario, el crédito es algo que la persona ya tiene de por sí. Lo tiene, quizá, porque ya posee bienes de un valor superior al del préstamo que solicita. O lo tiene porque tanto su carácter como su historial le han hecho ganarse ese reconocimiento. Lo lleva consigo al banco y ésa es la razón por la que el banquero le concede el préstamo. El banquero no da algo a cambio de nada. Está seguro de que el préstamo le será devuelto. Simplemente está intercambiando una forma de activo o crédito más líquida por otra menos líquida. A veces se equivoca, y entonces no sólo sale perjudicado el banquero, sino toda la comunidad, ya que no se hacen realidad los valores que se suponía que produciría el prestatario y se desperdician los recursos.

Por tanto, parece lógico que sea a A, que es quien dispone del crédito, a quien el banquero le otorgue el préstamo. Pero entonces el gobierno entra en el negocio crediticio con espíritu caritativo, porque, como hemos indicado anteriormente, le preocupa el futuro de B, quien no puede obtener ni una hipoteca ni otro tipo de préstamo privado porque no tiene crédito con ellos. No tiene ahorros, ni tampoco un brillante historial como agricultor; es posible que en estos momentos incluso viva de ayudas sociales. ¿Por qué –dicen los defensores del crédito estatal– no lo convertimos en un miembro útil y productivo de la sociedad prestándole lo suficiente para que pueda comprar una granja, una mula o un tractor y así ponga en marcha su propio negocio?

Es posible que esto funcione en algún caso aislado. Pero es evidente que, en general, las personas seleccionadas según estos criterios gubernamentales ofrecerán un mayor riesgo que las que han sido seleccionadas según criterios privados. Con este tipo de préstamos se perderá más dinero, pues habrá un porcentaje mucho mayor de insolventes. Serán menos eficaces y se malgastarán más recursos. Sin embargo, los beneficiarios del crédito público obtendrán sus granjas y tractores a expensas de quienes de otro modo habrían sido los beneficiarios de un crédito privado. Dado que B tiene una granja, A será privado de una. A puede quedar excluido porque los tipos de interés han subido como resultado de la injerencia pública, por un aumento en los precios de las granjas o porque, sencillamente, no queda otra granja disponible en la zona. En definitiva, el crédito del gobierno no ha servido para incrementar la riqueza producida por la comunidad, sino todo lo contrario, la ha reducido porque el capital real disponible (consistente en granjas, tractores, etc.) se ha puesto en manos de prestatarios menos eficientes en lugar de en manos de los más capaces y dignos de confianza.

2

El argumento se vuelve aún más claro si dejamos de lado la agricultura para centrarnos en otros sectores productivos. Con frecuencia se sugiere que el gobierno debe asumir los riesgos que son «demasiado grandes para la empresa privada». Esto significa que se debería permitir a los burócratas asumir unos riesgos con el dinero de los contribuyentes que nadie estaría dispuesto a asumir con el propio.

Una política de este tipo produciría daños de muy distinta índole. Conduciría al favoritismo, a la concesión de préstamos a amigos o a cambio de sobornos. Inevitablemente daría lugar a escándalos. Provocaría recriminaciones cada vez que el dinero de los contribuyentes se invirtiera en empresas fallidas. Aumentarían los partidarios del socialismo, ya que muchos se preguntarían, no sin razón, si el Estado asume los riesgos, ¿por qué no debería obtener también los beneficios? ¿Qué justificación podría haber para exigir que los contribuyentes asuman los riesgos mientras se permite que los empresarios privados se queden con las ganancias? (Sin embargo, esto es precisamente lo que ocurre, como veremos más adelante, en el caso de los préstamos agrícolas «sin recurso» concedidos por el gobierno).

Pero dejemos de lado por el momento todos esos perjuicios y centremos la atención en una de las consecuencias de este tipo de préstamos, concretamente, el despilfarro del capital y la reducción de la producción. Lo más probable es que inviertan el capital disponible en proyectos ruinosos o, en el mejor de los casos, dudosos, poniéndolo en manos de personas menos competentes o menos dignas de confianza que aquellas que lo hubieran obtenido por otros medios. Porque la cantidad de capital real en cualquier momento dado (a diferencia del papel moneda que sale de las imprentas oficiales) es limitada. Lo que se pone en manos de B no puede ponerse en manos de A.

Aunque la gente desea invertir su capital, quiere hacerlo con cautela, ya que su principal aspiración es recuperarlo. De ahí que la mayoría de los prestamistas analicen minuciosamente cualquier propuesta antes de arriesgar en ella su propio dinero. Sopesan la perspectiva de beneficios frente a los riesgos de pérdidas. A veces pueden equivocarse. Pero, por razones obvias, cometerán menos errores que los prestamistas públicos. En primer lugar, el dinero o bien es suyo o bien alguien se lo ha confiado voluntariamente. En el caso de los préstamos estatales, el dinero pertenece a otras personas, a las cuales se les ha arrebatado a través de la imposición fiscal obligatoria. El dinero privado sólo se invertirá cuando se tenga la certeza de que se recuperará con intereses o beneficios. Esto indica que se confía en que las personas que reciben el préstamo producirán bienes para el mercado que la gente necesita. El dinero público, en cambio, suele prestarse por algún propósito general y vago como, por ejemplo, «crear empleo»; cuanto más ineficaz sea el proyecto –es decir, cuanto mayor sea el volumen de mano de obra que requiera en relación con el valor del producto–, más se considerará que la inversión resulta valiosa.

Además, los prestamistas privados son seleccionados por el exigente funcionamiento propio del mercado. Si cometen errores graves, pierden sus fondos y se quedan sin más dinero para seguir prestándolo. Sólo si han tenido éxito en el pasado tendrán más dinero para prestar en el futuro. Así, los prestamistas privados (salvo la proporción relativamente pequeña cuyos fondos provengan de alguna herencia) son rigurosamente seleccionados mediante el proceso de supervivencia del más apto. Los prestamistas gubernamentales, en cambio, son personas que han aprobado oposiciones y saben cómo responder preguntas hipotéticas de forma hipotética, o personas que saben cómo dar las razones más plausibles para conceder préstamos y las explicaciones más convincentes de por qué no fue culpa suya que esos préstamos fracasaran. Pero el resultado final sigue siendo el mismo: los préstamos privados utilizan los recursos y el capital existentes mucho mejor que los préstamos estatales. Estos derrocharán mucho más capital y recursos que los privados. En resumidas cuentas, los préstamos gubernamentales, en comparación con los privados, reducirán la producción en lugar de aumentarla.

Por consiguiente, la concesión de préstamos públicos a individuos o proyectos privados se ocupa de B pero olvida a A. Ve a las personas en cuyas manos se pone el capital, pero olvida a aquellas que lo habrían obtenido de otro modo. Observa el proyecto para el que se concede el capital, pero se olvida de los proyectos que por su culpa no lo recibieron. Ve el beneficio inmediato para un grupo, pero pasa por alto las pérdidas sufridas por otros, así como la pérdida total para la sociedad en su conjunto.

El argumento contra los préstamos e hipotecas avalados por la hacienda pública a empresas y personas privadas es casi tan convincente como –aunque menos obvio que– el argumento contra los préstamos e hipotecas directas del gobierno. Los defensores de las hipotecas avaladas por el gobierno también olvidan que lo que se presta en última instancia es capital real, cuyo suministro es limitado, y que están ayudando a un B identificado a expensas de algún A no identificado. Las hipotecas garantizadas por el gobierno, sobre todo si requieren un pago inicial mínimo o nulo, inevitablemente producen más préstamos fallidos que los que por lo general habría. Hacen que el contribuyente corriente subvencione los riesgos fallidos y cubra las pérdidas. Alientan a la gente a «comprar» casas que en realidad no pueden permitirse. A la larga, tienden a generar un sobrante de viviendas respecto a otros productos. Estimulan temporalmente la construcción, elevan el costo de edificación para todos (incluidos los compradores de las viviendas con hipotecas avaladas por el Estado), y pueden inducir al sector de la construcción a una sobreexpansión costosa a largo plazo. En pocas palabras, a la larga no incrementan la producción nacional global, sino que promueven inversiones mal dirigidas.

3

Al comienzo de este capítulo comentamos que la «ayuda» estatal a los negocios a veces es tan perniciosa como la hostilidad gubernamental. Esto es aplicable tanto a las subvenciones como a los préstamos que concede el gobierno. El Estado nunca presta ni da nada a las empresas que no haya obtenido previamente de ellas. A veces se oye a los partidarios del *New Deal* y a otros defensores del intervencionismo alardear de cómo, en 1932 y los años posteriores, el gobierno «salvó a las empresas» a través de la Reconstruction Finance Corporation, la Home Owners Loan Corporation y otras agencias gubernamentales. Sin embargo, el gobierno no puede dar ninguna ayuda financiera a las empresas que no haya tomado primero –o que no vaya finalmente a tomar–

de éstas. Todos los fondos de que dispone el gobierno salen de los impuestos. Incluso el tan cacareado «crédito del Estado» se basa en la suposición de que los préstamos que asume serán finalmente cancelados con el producto de los impuestos. Cuando el gobierno otorga préstamos o subvenciones a empresas, en realidad lo que está haciendo es gravar a las empresas privadas exitosas para ayudar a las que no lo son. Bajo ciertas situaciones de emergencia, podría encontrarse un argumento convincente para ello, aunque no es necesario que lo analicemos aquí. Sin embargo, a largo plazo no parece una opción provechosa para el país en su conjunto, y la experiencia ha mostrado que efectivamente no lo es.

Capítulo 7

El odio a las máquinas

La creencia de que las máquinas generan desempleo se ha convertido en uno de los delirios económicos más arraigados. Pese a ser demolido de forma recurrente, vuelve a resurgir de sus propias cenizas con mayor fuerza y vigor que nunca. Siempre que se produce un prolongado episodio de desempleo masivo, las máquinas vuelven a convertirse en el centro de todas las miradas. Esta falacia sigue siendo todavía la base sobre la que se asientan muchas prácticas sindicales que el público tolera porque, o bien considera que los sindicatos tienen razón, o bien está demasiado confundido para reconocer las causas de su error.

La creencia de que las máquinas causan desempleo, al ser sostenida con cierta coherencia lógica, lleva a conclusiones disparatadas. No sólo debemos de estar provocando desempleo actualmente con cada nueva mejora tecnológica, sino que el hombre primitivo también debió de empezar a causarlo con sus primeros intentos por evitar esfuerzos y fatigas inútiles.

Sin ir más lejos, volvamos a *La riqueza de las naciones* de Adam Smith, publicada en 1776. El primer capítulo de este notable libro se titula «De la división del trabajo», y en la segunda página de dicho capítulo, el autor nos dice que un obrero que no estuviera familiarizado con el uso de la maquinaria empleada en la fabricación de alfileres «apenas podría hacer un alfiler al día, y obviamente nunca llegaría a hacer veinte», mientras que con el uso de esa maquinaria era capaz de producir 4800 alfileres diarios. De modo que, ya en la época de Adam Smith, la maquinaria habría dejado sin trabajo a entre 240 y 4800 fabricantes de alfileres por cada uno que lo conservó. Si las máquinas fueran las responsables de dejar a las personas sin trabajo, la industria del alfiler de aquella época tendría un nivel de desempleo del 99,98 %. ¿Podría el panorama ser más sombrío?

De hecho, podría haberlo sido, pues la Revolución Industrial estaba apenas en sus albores. Detengámonos unos instantes a contemplar algunos de sus incidentes y aspectos más destacados. Veamos, por ejemplo, lo que ocurrió en la industria de las medias. Los artesanos se dedicaron a destruir los nuevos telares a medida que eran introducidos en los talleres (en un solo motín, se destruyeron más de 1000); se quemaron factorías, los inventores fueron amenazados y obligados a huir para salvar sus vidas, y el orden no quedó finalmente restablecido hasta que intervino el ejército y los principales alborotadores fueron deportados o ahorcados.

Ahora bien, es importante tener en cuenta que, en la medida en que los alborotadores pensaban en su propio futuro inmediato o incluso más lejano, su oposición a la máquina era racional. William Felkin asegura (por mucho que la afirmación parezca inverosímil), en su *Historia de la industria de géneros de punto fabricados a máquina* (1867), que la mayor parte de los 50 000 tejedores de medias ingleses y sus familias no lograron dejar atrás por completo el hambre y la miseria que conllevó la introducción de la máquina durante los siguientes cuarenta años. Pero, en la medida en que los amotinados creían –como, sin duda, la mayoría de ellos lo hacía– que la máquina iba a desplazar indefinidamente a los trabajadores, se equivocaban, pues antes de que terminara el siglo XIX, la industria de las medias empleaba al menos a cien hombres por cada uno de los empleados al inicio del siglo.

Arkwright inventó su máquina de hilado del algodón en 1760. En aquella época, se estima que en Inglaterra había 5200 hilanderos que usaban ruecas y 2700 tejedores; en total, 7900 personas dedicadas a la producción de textiles de algodón. La introducción del invento de Arkwright encontró oposición, pues se consideró que amenazaba la forma de vida de los trabajadores, y la resistencia tuvo que ser reprimida por la fuerza. Sin embargo, en 1787, veintisiete años después de la aparición del avance tecnológico, una investigación parlamentaria demostró que el número de personas que trabajaban en el sector del hilado y el tejido de algodón había aumentado de 7900 a 320 000, es decir, un incremento del 4400 %.

Si se consulta el libro *Cambios económicos recientes,* de David A. Wells, publicado en 1889, se encuentran diversos fragmentos que, salvo por las fechas y las cifras absolutas, podrían haber sido escritos por alguno de nuestros actuales tecnófobos. Citemos algunos:

> Durante los diez años transcurridos entre 1870 y 1880 inclusive, la marina mercante británica aumentó su actividad, sólo en materia de registros y despachos extranjeros, hasta la cifra de 22 000 000 de toneladas [...]. Sin embargo, el número de hombres empleados en este enorme trasiego había disminuido en 1880, en comparación con 1870, en unos tres mil (2990 exactamente). ¿Cuál fue el motivo? La introducción de grúas a vapor y elevadores de grano en los muelles y dársenas, el empleo de la fuerza de vapor, etc.
>
> En 1873, en Inglaterra, el acero Bessemer, cuyo precio no había aumentado gracias a los aranceles proteccionistas, alcanzaba los 80 dólares por tonelada; en 1886, se fabricaba y vendía de forma rentable en el mismo país por menos de 20 dólares por tonelada. Durante el mismo período, la capacidad de producción anual de un convertidor Bessemer se cuadruplicó, sin aumentar, sino más bien con una ligera disminución, del trabajo invertido.
>
> La Oficina de Estadística de Berlín estimó que la potencia de todas las máquinas de vapor existentes y en funcionamiento en todo el mundo en el año 1887 era equivalente a la de 200 000 000 de caballos, lo que representa, aproximadamente, la fuerza conjunta de 1.000.000.000 de hombres, o dicho de otro modo, el triple de la población activa del mundo.

Cabría pensar que esta última cifra debería haber hecho que el Sr. Wells se detuviera unos instantes a preguntarse si quedaban más empleos en el mundo en 1889, pero lo cierto es que se limitó a concluir, con moderado pesimismo, que «en tales circunstancias, la superproducción industrial... puede volverse crónica».

Durante la depresión de 1932, se reanudó la costumbre periódica de culpar del desempleo a las máquinas. En pocos meses, las doctrinas de un grupo que se denominaba a sí mismo los Tecnócratas se extendió como la pólvora por todo el país. No aburriré al lector enumerando las cifras absurdas que este grupo dio a conocer, ni corrigiéndolas para aclarar cuáles fueron los datos reales. Baste con decir que los Tecnócratas volvieron a caer en el error, en toda su pureza original, de que las máquinas desplazan permanentemente a los hombres, sólo que, en su ignorancia, presentaron este error como un nuevo y revolucionario descubrimiento. Fue, sencillamente, una ilustración más del aforismo de Santayana según el cual quienes no recuerdan el pasado están condenados a repetirlo.

Los Tecnócratas terminaron siendo ridiculizados hasta desaparecer, aunque su doctrina, anterior a ellos, todavía persiste. Se refleja en cientos de normas creadas para aparentar trabajo y en prácticas de simulación laboral promovidas por los sindicatos, las cuales son toleradas e incluso aprobadas debido a la confusión que existe al respecto en la opinión pública.

Compareciendo en nombre del Departamento de Justicia de Estados Unidos ante el Comité Nacional Económico Temporal (más conocido como TNEC) en marzo de 1941, Corwin Edwards citó innumerables ejemplos de tales prácticas. El sindicato de electricistas de la ciudad de Nueva York fue acusado de negarse a instalar equipos eléctricos fabricados fuera del estado a menos que éstos se desmontaran y volvieran a montar en la misma obra. En Houston, Texas, los fontaneros titulados y el sindicato acordaron que las tuberías prefabricadas sólo se instalarían si se cortaba el extremo con la rosca para volver a roscarse de nuevo en la obra. Varias secciones locales del sindicato de pintores impusieron restricciones al uso de pistolas pulverizadoras, restricciones que, en muchos casos, estaban diseñadas simplemente para crear trabajo al exigir que se utilizara el proceso más lento de aplicar la pintura con brocha. Una sección local del sindicato de camioneros exigió que todos los camiones que entraran en el área metropolitana de Nueva York debían contar con un conductor local, además del ya contratado. En varias ciudades, el sindicato de electricistas requería la contratación de un técnico de mantenimiento en toda obra donde se fuera a utilizar cualquier tipo de luz o energía temporal; a este técnico, sin embargo, no se le permitía hacer nada más. Esta norma, según el Sr. Edwards, «a menudo implica la contratación de un hombre que se pasa el día leyendo o jugando al solitario y que no hace nada más que accionar un interruptor al comienzo y al final de la jornada laboral».

Podrían citarse otras prácticas parecidas de creación artificial de empleo en muchos otros sectores. En la industria ferroviaria, los sindicatos insisten en el empleo de fogoneros en locomotoras que no son necesarios. En los teatros, los sindicatos insisten en el uso de tramoyistas incluso en espectáculos sin escenografía. El sindicato de músicos exigía el empleo de músicos suplentes o incluso de orquestas completas en lugares donde la música está grabada.

Para 1961 no había indicio de que la falacia hubiera desaparecido. No sólo los líderes sindicales, sino también los funcionarios públicos, hablaban solemnemente de la «automatización» como una de las causas principales del desempleo. Se discutía la automatización como si fuera algo del todo nuevo en el mundo, cuando en realidad no era más que un nuevo nombre para el continuo avance tecnológico y el progreso en maquinaria que ahorran mano de obra.

2

Pero la oposición a la maquinaria que ahorra mano de obra, incluso en la actualidad, no se limita a quienes carecen de conocimientos económicos. En una fecha tan tardía como 1970 apareció un libro escrito por un reconocido autor que más tarde recibiría el premio Nobel de Economía. En su obra se oponía a la introducción de máquinas que eliminan puestos de trabajo en los países subdesarrollados, argumentando que «disminuyen la demanda de mano de obra».[2] La conclusión lógica de este planteamiento sería que la forma de maximizar los em-

2. Myrdal, Gunnar, *The Challenge of World Poverty.* Pantheon Books, Nueva York, 1970, págs. 400-401 y en otros fragmentos.

pleos es hacer que toda la mano de obra sea lo más ineficiente e improductiva posible. Implícitamente, esto sugeriría que los luditas ingleses, quienes a principios del siglo XIX destruían telares mecánicos para la fabricación de medias, telares a vapor y máquinas de esquilar, estaban en realidad haciendo lo correcto.

Podrían acumularse muchísimas cifras para demostrar lo equivocados que estaban los tecnófobos del pasado. Pero no serviría de nada si no entendiéramos con claridad la naturaleza de su error. Puesto que las estadísticas y la historia no sirven de nada a la economía a menos que vayan acompañadas de una comprensión deductiva de los hechos, lo que significa, en este caso, comprender por qué tuvieron que ocurrir las pasadas consecuencias de la introducción de la maquinaria y otros dispositivos que ahorran mano de obra. De lo contrario, los tecnófobos afirmarán (como, de hecho, afirman cuando se ponen en evidencia las absurdas profecías de sus predecesores) que «eso puede que fuera cierto en el pasado, pero hoy en día las condiciones son fundamentalmente diferentes y no podemos permitirnos desarrollar más máquinas que destruyan empleo». De hecho, la Sra. Eleanor Roosevelt escribió lo siguiente en un periódico sindical el 19 de septiembre de 1945: «Hemos llegado a un punto en el que los dispositivos que ahorran mano de obra sólo son positivos cuando no destruyen empleos».

Si fuera cierto que la introducción de maquinaria que ahorra trabajo provoca desempleo y miseria, las conclusiones lógicas serían revolucionarias, no sólo en el ámbito técnico, sino también para el mismo concepto de civilización. No sólo deberíamos considerar desastroso todo el progreso técnico que está por venir, sino que tendríamos que considerar con igual horror todo el progreso técnico que se ha producido hasta este momento. Todos los días, cada uno de nosotros, en su propia actividad, trata de reducir el esfuerzo necesario para lograr un resultado determinado. Cada uno de nosotros intenta simplificar su propio trabajo, economizar los medios necesarios para alcanzar los fines deseados. Todo empresario, tanto pequeño como grande, busca constantemente obtener resultados con una mayor economía y eficacia; es decir, ahorrando esfuerzos. Todo trabajador inteligente intenta reducir el esfuerzo necesario para realizar el trabajo que tiene asignado. Los más ambiciosos se esfuerzan incansablemente por aumentar los resultados que pueden lograrse en un número determinado de horas. Los tecnófobos, si fueran lógicos y consecuentes, tendrían que descartar este progreso e ingenio, no ya por inútil, sino también por perjudicial. ¿Por qué transportar las mercancías de Chicago a Nueva York en tren, cuando se podría dar trabajo a muchas más personas llevándolas a cuestas?

Teorías tan falsas como ésta nunca se sostienen con coherencia lógica, pero causan un gran perjuicio precisamente por el hecho de ser defendidas. Por tanto, tratemos de ver exactamente qué sucede cuando se introducen mejoras técnicas y maquinaria que ahorra esfuerzos. Los detalles variarán en cada caso, dependiendo de las condiciones particulares que prevalezcan en una industria o programa determinado. Pero tomemos un ejemplo que abarque las principales alternativas.

Supongamos que un fabricante de telas descubre de la existencia de una máquina que permite fabricar abrigos para hombres y mujeres con la mitad de mano de obra que antes. Instala la máquina y despide a la mitad de los trabajadores.

A primera vista, esto parece una clara pérdida de empleo. Sin embargo, para fabricar la máquina ha hecho falta mano de obra; de modo que, como compensación, se crean empleos que de otro modo no habrían existido. Ahora bien, el fabricante sólo adoptará la maquinaria si con ella logra fabricar mejores abrigos por la mitad de trabajo o el mismo tipo de abrigo a un costo inferior. Si asumimos esto último, no podemos suponer que la cantidad de mano de obra necesaria para fabricar las máquinas fuese tan considerable, en términos de salarios, como la cantidad de mano de obra que el fabricante espera ahorrar a largo plazo adoptando la máquina; de lo contrario, no habría habido economía y no habría adquirido la máquina.

Por lo tanto, aún hay una pérdida global de empleo que debe explicarse. No obstante, debemos tener en cuenta la posibilidad real de que incluso la *primera* consecuencia de la introducción de la maquinaria que ahorra trabajo sea un aumento global de empleo, ya que, por lo general, el fabricante espera ahorrar dinero con la máquina sólo *a largo plazo:* pueden pasar varios años antes de que la máquina «se amortice».

Cuando la máquina logra generar economías suficientes para compensar su coste, el fabricante obtiene más beneficios que antes. (Supondremos que vende los abrigos al mismo precio que sus competidores y que no trata de rebajarlo). En este punto, puede parecer que ha habido una pérdida neta de empleo, y que el único beneficiario es el fabricante, el capitalista. Pero es precisamente de estas ganancias adicionales de donde se originan las posteriores ganancias sociales. El fabricante utilizará estas ganancias adicionales de una de estas tres formas, y posiblemente usará parte de éstas en las tres: (1) ampliar las instalaciones mediante la compra de más máquinas para confeccionar más abrigos; (2) invertir las ganancias adicionales en otras industrias, o (3) gastar los beneficios adicionales en aumentar su propio consumo. Sea cual sea la opción que elija, se producirá un aumento del empleo.

En otras palabras, el fabricante, como resultado de sus economías, obtiene un beneficio que antes no tenía. Cada dólar que se ha ahorrado en salarios directos a sus trabajadores ahora tendrá que pagarlos en salarios indirectos a los fabricantes de la nueva máquina, a los trabajadores de otras industrias que requieren inversión de capital o a los constructores de una nueva casa o un coche para el propio fabricante o a los artesanos que confeccionarán las joyas y los abrigos de pieles para su mujer. En cualquier caso (a menos que se trate de un testarudo acaparador), proporciona indirectamente tantos empleos como los que dejó de crear directamente.

Sin embargo, el tema no termina –ni puede terminar– aquí. Si este fabricante innovador consigue grandes ventajas frente a sus competidores, sucederá una de dos cosas: o bien ampliará su negocio a costa de ellos, o bien sus rivales acabarán comprando las mismas máquinas, lo que a su vez generará más trabajo para quienes las producen. Entonces, la competencia y el aumento de la producción harán que el precio de los abrigos baje. Pero los beneficios extraordinarios de los primeros en adoptar la nueva maquinaria empezarán a reducirse: la rentabilidad de quienes la usen disminuirá, mientras que aquellos que aún no la incorporen podrían dejar de obtener beneficios. En otras palabras, los ahorros acabarán trasladándose a los compradores de abrigos, es decir, a los consumidores.

Como los abrigos ahora son más baratos, más gente los comprará; esto significa que, aunque se necesita menos personal para fabricar la misma cantidad de abrigos que antes, ahora se producen más abrigos en total. Si la demanda de abrigos es la que los economistas llaman «elástica», es decir, si un descenso del precio provoca una mayor inversión en abrigos que antes, entonces, podría emplearse incluso a más personas en la fabricación de abrigos que antes de que se introdujera la nueva máquina que ahorra mano de obra. Ya hemos visto que esto fue lo que ocurrió en el pasado con la producción de medias y otros productos textiles.

Ahora bien, el nuevo empleo no depende de la elasticidad de la demanda del producto en cuestión. Supongamos que, aunque el precio de los abrigos se redujera casi a la mitad (si pasasen, pongamos, de un precio anterior de 150 dólares a un nuevo precio de 100 dólares), no se vendiese ningún abrigo adicional. El resultado sería que, mientras los consumidores seguirían estando tan bien provistos de abrigos nuevos como antes, cada comprador tendría ahora 50 dólares más que antes. Por lo tanto, gastará estos 50 dólares en otra cosa, generando así más empleo en otros sectores.

En resumen, en términos netos, las máquinas, los avances tecnológicos, la automatización, las economías y la eficiencia no dejan a las personas sin trabajo.

3

No todos los inventos y descubrimientos, por supuesto, son máquinas que ahorran tiempo y esfuerzo. Algunos, como los instrumentos de precisión, el nailon, la lucita, la madera contrachapada y los diversos tipos de plásticos, simplemente mejoran la calidad de los productos. Otros, como el teléfono o el avión, realizan operaciones que el ser humano no habría podido realizar por sí solo. Otros permiten la existencia de objetos y servicios, tales como máquinas de rayos X, aparatos de radio, televisores, aires acondicionados y ordenadores, que de otro modo ni siquiera existirían. Pero en el ejemplo anterior hemos elegido precisamente el tipo de máquina que ha sido objeto especial de ataques por parte de la moderna tecnofobia.

Obviamente, es posible llevar demasiado lejos el argumento de que las máquinas no dejan a los hombres sin trabajo. A veces se argumenta, por ejemplo, que las máquinas crean más empleos de los que hubieran existido sin ellas. Esto puede ser cierto en determinadas circunstancias. Sin duda, pueden crearse muchísimos más empleos *en determinadas industrias*. Las cifras del siglo XVIII para la industria textil son un buen ejemplo. Sus equivalentes modernos no son, desde luego, menos sorprendentes. En 1910, la recién creada industria automovilística empleaba a 140 000 personas. En 1920, con la mejora del producto y la reducción del costo, empleaba a 250 000. En 1930, al continuar con las mejoras del producto y la reducción de costos, la cifra de empleados en esta industria era de 380 000. En 1973, había ascendido a 941 000. Para 1973, 514 000 personas estaban empleadas en la fabricación de aeronaves y piezas de aeronaves, y 393 000 en la fabricación de componentes electrónicos. Y así ha ocurrido en una industria nueva tras otra, a medida que la invención se perfeccionaba y el costo se reducía.

También se puede afirmar, en sentido absoluto, que las máquinas han aumentado enormemente el número de empleos. La población mundial es hoy en día cuatro veces mayor que a mediados del siglo XVIII, antes de que la Revolución Industrial llegara a su máximo apogeo. Puede decirse que las máquinas han dado origen a este aumento de la población, pues sin ellas el mundo no habría podido sostenerla. Por lo tanto, podemos afirmar que tres de cada cuatro personas debemos, no sólo nuestro trabajo, sino también nuestra vida, a las máquinas.

Sin embargo, es erróneo suponer que la función de las máquinas se limite a la creación de *empleo,* ya que su verdadero objetivo es aumentar la *producción,* elevar el nivel de vida y mejorar el bienestar económico. No es tan difícil conseguir el pleno empleo, ni siquiera (o especialmente) en las economías más primitivas. El pleno empleo –el de verdad: el trabajo largo, intenso y agotador– es característico precisamente de las naciones industrialmente menos avanzadas. Donde ya existe pleno empleo, las nuevas máquinas, inventos y descubrimientos no pueden generar *más* empleo hasta pasado cierto tiempo, cuando se ha producido un aumento demográfico. Es probable que generen más desempleo (aunque esta vez nos referimos a desempleo *voluntario,* no al involuntario) porque la gente puede permitirse el lujo de trabajar menos horas y, además, los niños y las personas mayores ya no necesitan trabajar.

Lo que hacen las máquinas, insisto, es generar un aumento de la producción y una mejora de la calidad de vida. Esto puede conseguirse de dos maneras: produciendo bienes más baratos para los consumidores (como en el ejemplo de los abrigos) o aumentando los salarios al incrementar la productividad de los trabajadores. En otras palabras, o aumentan los salarios o, al reducir los precios, se incrementan los bienes y servicios que se pueden adquirir con esos mismos salarios. A veces pasan ambas cosas. Lo que suceda en gran medida dependerá de la política monetaria aplicada por el país en cuestión. Pero, en cualquier caso, las máquinas, los inventos y los descubrimientos aumentan los salarios *reales*.

4

Es necesario hacer una advertencia antes de pasar a otro tema. El gran mérito de los economistas clásicos fue precisamente tener en cuenta las consecuencias secundarias, preocuparse por los efectos de una determinada política o desarrollo económico a largo plazo y sobre toda la comunidad. Ahora bien, su mayor defecto fue que, al adoptar una perspectiva a largo plazo y amplia, a veces descuidaron las repercusiones a corto plazo y la visión particularista. Con demasiada frecuencia tendían a minimizar u olvidar por completo las consecuencias inmediatas sobre determinados grupos. Hemos visto, por ejemplo, que muchos de los tejedores de medias ingleses sufrieron verdaderas tragedias como resultado de la introducción de los nuevos telares, una de las primeras invenciones de la Revolución Industrial.

Ahora bien, estos hechos y sus modernas contrapartidas han llevado a algunos autores al extremo opuesto de fijarse *únicamente* en los efectos inmediatos sobre ciertos grupos. Joe Smith pierde su trabajo por la introducción de una nueva máquina. «No pierdan de vista a Joe Smith» –insisten estos autores–. No pierdan nunca de vista a Joe Smith». Sin embargo, lo que hacen realmente es centrarse sólo en Joe Smith y se olvidan de Tom Jones, quien acaba de conseguir un nuevo empleo en la fábrica que produce la nueva máquina, y de Ted Brown, que acaba de conseguir un trabajo como operador de ésta, y de Daisy Miller, quien ahora puede comprarse un abrigo por la mitad de lo que costaba antes. Y como sólo piensan en Joe Smith, terminan promoviendo políticas reaccionarias y sin sentido.

No cabe duda de que debemos mantener al menos cierta atención sobre Joe Smith, quien ha perdido su empleo a causa de la nueva máquina. Quizás pronto pueda conseguir otro trabajo, incluso uno mejor. Aunque tal vez haya dedicado muchos años de su vida a adquirir y mejorar una técnica especial que ahora el mercado ya no necesita. Ha perdido esta inversión en sí mismo, en su técnica adquirida, del mismo modo que su antiguo empleador quizá haya perdido *su* inversión en máquinas o procesos que, de manera repentina, han quedado obsoletos. Era un trabajador cualificado y se le pagaba como tal. Ahora se ha convertido de la noche a la mañana en un trabajador no especializado, y sólo puede esperar, por el momento, el salario de un trabajador sin especialización, porque la única habilidad que poseía ya no resulta necesaria. No podemos ni debemos olvidar a Joe Smith. La suya es una de las tragedias personales que, como veremos, resulta inherente al propio progreso industrial y económico.

Determinar con precisión qué curso de acción deberíamos seguir con Joe Smith –si debemos abandonarlo a su suerte, otorgarle una indemnización por despido o un subsidio de desempleo, ponerlo a disposición de la asistencia social o capacitarlo para un nuevo empleo a expensas del gobierno– nos llevaría más allá del tema que estamos tratando de ilustrar. La lección principal es que debemos intentar ver todas las consecuencias fundamentales de cualquier política o desarrollo económico: los efectos inmediatos en grupos específicos y los efectos a largo plazo sobre todos los grupos.

Si hemos dedicado tanto espacio a este tema es porque consideramos de vital importancia extraer conclusiones sobre cómo afectan las nuevas máquinas, invenciones y descubrimientos al empleo, la producción y el bienestar. Si nos equivocamos aquí, serán pocos los asuntos económicos en los que podamos confiar en nuestro juicio.

Capítulo 8

Planes para el reparto del trabajo

Hemos aludido ya a diversas prácticas sindicales destinadas a crear trabajo artificial; tanto esas prácticas como la tolerancia del público hacia ellas nacen del mismo error fundamental responsable de generar el miedo a las máquinas. Nos referimos a la creencia según la cual una forma más eficiente de hacer algo destruye empleos, y su obligado corolario de que una forma menos eficiente los crea.

Vinculada a esta falacia hallamos la creencia de que en el mundo existe una cantidad determinada de trabajo que, si no podemos aumentarla poniendo en práctica procedimientos más engorrosos, al menos podemos idear mecanismos para repartirlo entre el mayor número de gente posible.

Este error se deriva de la minuciosa subdivisión del trabajo sobre la que tanto insisten los sindicatos. Donde esta subdivisión es más notoria es en el sector de la construcción en las grandes ciudades. A los albañiles no se les permite usar mampostería en las chimeneas, ya que ese trabajo se considera exclusivo de los canteros. Un electricista no puede derribar un panel y volver a colocarlo después de hacer una conexión eléctrica, porque dicha tarea, por sencilla que sea, es exclusiva de los carpinteros. Un fontanero no puede retirar ni volver a colocar una baldosa para arreglar una fuga en la ducha; ése es el trabajo del alicatador.

Se libran furiosas huelgas «jurisdiccionales» entre sindicatos por el derecho exclusivo a realizar ciertos tipos de trabajos cuyos límites no están del todo claros. En una declaración preparada por los ferrocarriles estadounidenses para el Comité de Procedimiento Administrativo del Fiscal General encontramos innumerables ejemplos en los que la Junta de Regulación de los Ferrocarriles Nacionales había decidido lo siguiente:

> [...] en los ferrocarriles, todas las operaciones –por insignificantes que sean, como hablar por teléfono o accionar una aguja– pertenecen en exclusiva a una categoría específica de empleados, de modo que si alguien de otra clase las realiza en el curso de su trabajo, no sólo debe recibir un día extra de salario, sino que además los trabajadores desempleados o con licencia de la especialidad encargada de realizar esa tarea también deben recibir un día de sueldo por no haber sido llamados a realizarla.

Es cierto que unas pocas personas pueden beneficiarse a expensas de los demás de esta minuciosa y arbitraria subdivisión del trabajo, siempre y cuando sólo se dé en sus respectivos sectores. Pero quienes la defienden como práctica general olvidan que su aplicación siempre hace aumentar los costos de producción y que, además, se traduce en menos trabajo y una menor producción de bienes. El consumidor que se ve obligado a emplear a dos trabajadores para hacer el trabajo de uno, obviamente está dando empleo a una persona más. Pero también es cierto que le queda menos dinero para gastar en algo que podría dar trabajo a otra persona. Como la fuga en el baño le ha costado el doble de lo que debería haber pagado, decide no comprar el nuevo jersey que quería. El «trabajo» no ha aumentado, porque un día de empleo de un alicatador innecesario ha supuesto un día de desempleo de un tejedor de jerséis o un operario de máquina. El cliente, sin embargo, ha visto deteriorada su situación: en vez de contar con la ducha reparada y un jersey, ahora ha de contentarse únicamente con la ducha. Y si consideramos el jersey como parte de la riqueza nacional, el país cuenta con un jersey menos. Esto simboliza el resultado neto del esfuerzo tendente a generar más empleo mediante la arbitraria subdivisión del trabajo.

Pero existen otros planes para «repartir el trabajo», propuestos con frecuencia por portavoces sindicales y legisladores. El más común consiste en la reducción de la semana laboral, por lo general mediante una ley. La idea de que esto permitiría «repartir el trabajo» y «generar más empleos» fue una de las razones principales para incluir la cláusula de penalización por horas extra en la Ley federal de salario y jornada laboral en Estados Unidos. Las leyes estatales anteriores, que prohibían que las mujeres o los menores trabajaran más de, por ejemplo, cuarenta y ocho horas a la semana, se basaban en la convicción de que las jornadas largas eran perjudiciales para la salud y la moral. Parte de esta convicción se basaba en la creencia de que trabajar más horas era ineficaz. Pero la disposición de la ley federal, que exige un recargo del 50 % por todas las horas trabajadas que excedan de las cuarenta semanales, no se basaba en la creencia de que, por ejemplo, cuarenta y cinco horas semanales fueran perjudiciales para la salud o la eficacia, sino que se incluyó, en parte, con la esperanza de aumentar el ingreso semanal del trabajador y, en parte, de disuadir al empleador de hacer trabajar regularmente a alguien más de cuarenta horas semanales, y obligarlo así a contratar a otros trabajadores. En el momento de escribir esto, existen numerosos planes para «evitar el desempleo» mediante la promulgación de una semana laboral de treinta horas o cuatro días.

¿Cuál es el efecto real de tales planes, ya sean impuestos por sindicatos o por la legislación estatal? El problema resultará más claro si analizamos dos casos. El primero consiste en la reducción de la semana laboral ordinaria de cuarenta a treinta horas sin ninguna modificación del salario por hora. El segundo, en una reducción igual de las horas, pero con un aumento del salario por hora para permitir que los trabajadores ya empleados mantengan el mismo salario semanal.

Consideremos el primer caso: supongamos que la semana laboral pasa de cuarenta a treinta horas, manteniéndose el mismo salario por hora. Si cuando este plan entre en vigor hay un desempleo considerable, no cabe duda de que generará empleos adicionales. Ahora bien, no se puede dar por hecho que esto vaya a crear suficientes empleos adicionales como para conservar las mismas nóminas y el mismo total de horas trabajadas que antes, salvo que asumamos, lo cual es poco probable, que cada industria tenía exactamente el mismo porcentaje de desempleo y que los nuevos empleados son, por término medio, igual de eficaces en sus tareas específicas que quienes ya estaban trabajando. Pero imaginemos que aceptamos estas suposiciones: que existe el número justo de trabajadores adicionales con las habilidades necesarias y que su incorporación no aumenta los costos de producción. ¿Cuál será el resultado de reducir la semana laboral de cuarenta a treinta horas (sin ningún aumento en el salario por hora)?

Aunque haya más trabajadores empleados, cada uno trabajará menos horas y, por lo tanto, no se producirá un considerable aumento de las horas dedicadas por cada empleado. Es poco probable que haya un aumento significativo en la producción, y las nóminas totales y el «poder adquisitivo» no serán mayores. En realidad, lo único que habrá pasado –incluso en el mejor de los casos, que casi nunca se da– es que los trabajadores que ya tenían empleo acabarán, en la práctica, subvencionando a los que antes estaban desempleados. Porque, para que los nuevos trabajadores reciban individualmente tres cuartas partes del salario semanal que solían ganar los antiguos, estos últimos tendrán que conformarse ahora con sólo tres cuartas partes de lo que ganaban antes. Es cierto que los antiguos trabajadores ahora trabajarán menos horas; pero esta «compra» de más tiempo libre, a un precio muy alto, no es una decisión que hayan tomado por gusto, sino un sacrificio para proporcionar empleo a otros.

Los líderes sindicales que piden reducir la semana laboral para «repartir el trabajo» suelen ser conscientes de esto, y por eso plantean la idea como si todos pudieran tenerlo todo sin renunciar a nada. Reduzcamos la semana laboral de cuarenta a treinta horas, nos dicen, para crear más empleos; pero compensemos esa reducción de la jornada semanal *aumentando* el salario por hora en un 33 %. Pongamos que los trabajadores ya empleados recibían un promedio de 226 dólares semanales por cuarenta horas de trabajo; para que puedan seguir percibiendo esa misma cantidad por sólo treinta horas de trabajo, debe aumentarse el salario por hora en un promedio de más de 7,53 dólares.

¿Cuáles serían las consecuencias de un plan de estas características? La primera y más obvia sería el aumento de los costos de producción. Si suponemos que los trabajadores, cuando trabajaban cuarenta horas, recibían una cantidad inferior al nivel de los costos de producción, los precios y los beneficios, entonces podrían haber obtenido el aumento por hora *sin* reducir la duración de la semana laboral. En otras palabras, podrían haber trabajado la misma cantidad de horas y recibir un *incremento de un tercio* en sus ingresos semanales totales, en lugar de recibir, con la nueva semana de treinta horas, los mismos ingresos semanales que antes. Pero si, con la semana laboral de cuarenta horas, los trabajadores ya estaban recibiendo el salario más alto que permitían los costos de producción y los precios (y el mismo desempleo que intentan solucionar puede ser una señal de que ya estaban recibiendo incluso más que eso), entonces el aumento de los costos de producción debido al incremento del 33 % en el salario por hora será mucho mayor de lo que la situación actual de precios, producción y costos puede soportar.

Por lo tanto, el resultado del aumento salarial será un desempleo mayor que antes. Las empresas menos productivas tendrán que cerrar y los trabajadores menos eficientes perderán sus empleos. La producción se reducirá en todos los sectores. Los mayores costos de producción y la escasez de suministros tenderán a elevar los precios, de modo que los trabajadores podrán comprar menos con los mismos salarios; por otro lado, el aumento del desempleo contraerá la demanda, con el consiguiente descenso de los precios. Lo que finalmente pase con los precios dependerá de las políticas monetarias que se apliquen. Pero si se opta por una política de inflación para que los precios suban y así poder pagar los mayores salarios por hora, esto no sería más que una forma de disfrazar la reducción del salario *real,* de modo que, al final, el poder adquisitivo de los trabajadores volverá al mismo nivel que antes. El resultado sería, por tanto, el mismo que si la semana laboral se hubiera reducido sin aumentar los salarios por hora, cuyos efectos ya se han analizado.

En resumen, los planes de distribución del trabajo se basan en el mismo tipo de ilusión que venimos analizando. Quienes apoyan estas medidas sólo piensan en el empleo que generarían para ciertos individuos o grupos, sin considerar su efecto sobre toda la sociedad.

Este tipo de planes también se basan, como señalamos al principio, en la errónea suposición de que existe una cantidad fija de trabajo por realizar. No podría haber mayor falacia. No hay límite a la cantidad de trabajo por hacer mientras exista alguna necesidad o deseo humano que ese trabajo pueda satisfacer. En una moderna economía de intercambio se realizará la mayor cantidad de trabajo cuando los precios, costos y salarios mantengan una relación perfectamente equilibrada. Más adelante veremos en qué consisten estas relaciones.

Capítulo 9

La desmovilización de tropas y funcionarios

Cuando, al final de toda gran guerra, se propone la desmovilización de las fuerzas armadas, surge siempre el temor de que no haya suficiente empleo y que, en consecuencia, aumente considerablemente el paro. Es cierto que, cuando se licencia a millones de hombres de golpe, la industria privada necesita cierto tiempo para reincorporarlos al mundo laboral; aunque, en el pasado, lo más sorprendente ha sido la rapidez, no la lentitud, con la que se ha llevado a cabo esta reincorporación. El temor al desempleo surge porque la gente sólo se fija en una parte del proceso.

Sólo ven a los soldados reintegrados al mercado laboral. ¿De dónde saldrá el «poder adquisitivo» que permita emplearlos? Si asumimos que el presupuesto público está equilibrado, la respuesta es sencilla: el gobierno dejará de mantener a los soldados, pero los contribuyentes podrán conservar el dinero que antes se les quitaba para sostenerlos. Consecuentemente, los contribuyentes dispondrán de fondos adicionales para comprar más bienes. En otras palabras, la demanda civil aumentará y dará empleo a la fuerza laboral adicional que representan los antiguos soldados.

Si los soldados han sido mantenidos mediante un presupuesto desequilibrado –es decir, a través de préstamos del gobierno y otras formas de financiación deficitaria– el caso varía significativamente. Pero eso plantea otra cuestión, los efectos de la financiación deficitaria, que analizaremos más adelante. Por el momento, baste reconocer que la financiación deficitaria es irrelevante para el problema que nos ocupa, porque si se considera ventajoso un déficit presupuestario, éste podría mantenerse como antes simplemente reduciendo los impuestos en las mismas sumas que antes se destinaban a mantener al ejército en tiempos de guerra.

Pero, a nivel económico, la desmovilización no nos dejará exactamente en el mismo lugar en que estábamos antes de que comenzara. Los soldados que antes eran mantenidos por civiles no se convertirán simplemente en civiles mantenidos por otros civiles, sino en civiles con autonomía económica. Si entendemos que las personas que en otras circunstancias formarían parte de las fuerzas armadas ya no son necesarias para la defensa, entonces su permanencia significaría una pérdida de recursos, pues serían improductivas. Los contribuyentes no obtendrían nada a cambio. Ahora, sin embargo, entregarán esa parte de sus fondos a otros civiles a cambio de bienes o servicios equivalentes. En consecuencia, la producción nacional total, la riqueza de todos, aumentará.

2

El mismo razonamiento es aplicable a los funcionarios públicos cuando su número es excesivo y no brindan a la comunidad servicios que justifiquen razonablemente el salario que reciben. Sin embargo, siempre que se intenta reducir el número de funcionarios superfluos, surgen voces críticas que aseguran que la medida es «deflacionaria». ¿Vamos a privar a estos funcionarios de su «capacidad de compra»? ¿Vamos a perjudicar a los propietarios de inmuebles y comerciantes que dependen de ese poder adquisitivo? Con eso sólo lograremos disminuir la «renta nacional» y provocar o agravar una depresión.

Una vez más, la falacia se fundamenta en el hecho de prestar atención únicamente a los efectos de esta acción sobre los funcionarios despedidos y los comerciantes que dependen de ellos. Una vez más, se olvida que, si estos burócratas pierden sus empleos, los contribuyentes podrán retener el dinero que antes se les arrebataba para poder sufragar su manutención. Se ignora, una vez más, que los ingresos y la capacidad de compra de los contribuyentes experimentan un aumento por lo menos equivalente a la disminución de los ingresos y el poder adquisitivo de los funcionarios despedidos. Si los comerciantes que antes hacían negocios con esos burócratas pierden ventas, otros comerciantes en otros lugares ganarán al menos la misma cantidad. Puede que Washington termine siendo menos próspera y sea capaz de mantener menos negocios, pero otras ciudades verán cómo aumentan los suyos.

Pero, nuevamente, el asunto no termina ahí. No es que el país esté igual de bien sin esos funcionarios superfluos, sino que en realidad está mucho mejor que antes, ya que ahora tienen que encontrar trabajo en el sector privado o montar ellos mismos un negocio. Y el mayor poder adquisitivo de los contribuyentes, como vimos en el caso de los soldados, fomentará precisamente eso. Ahora bien, los antiguos funcionarios públicos deberán proporcionar a sus empleadores privados, o mejor dicho, a los clientes de sus empleadores, servicios equivalentes a los ingresos que reciben. En lugar de ser una carga, pasan a ser hombres y mujeres productivos.

Debo insistir de nuevo en que no me refiero aquí a aquellos funcionarios cuyos servicios son realmente necesarios. Policías, bomberos, servicios de limpieza, personal sanitario, jueces, legisladores y ministros, todos ellos realizan servicios productivos a la comunidad tan importantes como los de cualquier persona que trabaje en el sector privado. De hecho, hacen posible que la industria privada pueda desenvolverse en un ambiente de legalidad, orden, libertad y paz. Ahora bien, su existencia depende de la utilidad de los servicios que prestan, no de la «capacidad de compra» de que disponen por estar en la nómina del Estado.

El argumento de la «capacidad de compra» resulta, al considerarlo también, completamente irracional. Podría aplicarse con detenimiento a un estafador o a un ladrón: al apoderarse de nuestro dinero, automáticamente se ve aumentada su capacidad de compra. Con ella se dedican a financiar bares, restaurantes, clubes nocturnos, sastres, quizás a trabajadores de la industria automovilística. Pero por cada empleo que su gasto genera, tu propio gasto deja de generar uno, porque tienes exactamente esa cantidad menos para gastar. De igual manera, por cada empleo generado gracias al gasto de los funcionarios, los contribuyentes proporcionan un empleo menos. Cuando un ladrón nos roba dinero, no obtenemos nada a cambio. Lo mismo ocurre cuando nos arrebatan el dinero mediante la exacción fiscal para mantener a burócratas innecesarios. Podemos considerarnos afortunados si éstos son unos simples holgazanes. Hoy en día lo más probable es que sean activos reformadores empeñados en desalentar y alterar la producción.

Cuando no encontramos mejor argumento que justifique el mantenimiento de un grupo de funcionarios en sus puestos de trabajo que el de conservar su capacidad de compra, es señal de que ha llegado el momento de deshacernos de ellos.

Capítulo 10

El fetichismo del pleno empleo

El objetivo económico de cualquier nación, como el de cualquier individuo, es obtener los máximos resultados con el mínimo esfuerzo. Todo el progreso económico de la humanidad ha consistido en lograr una mayor producción con el mismo trabajo. Por eso mismo el hombre decidió usar las mulas para mover la carga de un lugar a otro en lugar de hacerlo él mismo o inventó la rueda, el ferrocarril y el camión. Es por esta razón que el ser humano empleó su ingenio para desarrollar un sinfín de inventos destinados a reducir la carga del trabajo.

Todo esto es tan elemental que, a no ser porque constantemente lo olvidan quienes acuñan y difunden las nuevas consignas, resultaría bochornoso incluso mencionarlo. Traducido a términos nacionales, este principio fundamental significa que nuestro objetivo primordial es aumentar al máximo la producción. El pleno empleo –es decir, la ausencia de ociosidad involuntaria– no es más que una consecuencia necesaria de dicho objetivo. Ahora bien, la producción es el fin, mientras que el empleo es sólo el medio. No podemos tener de manera continuada la máxima producción posible sin originar indirectamente una situación de pleno empleo. Sin embargo, es perfectamente posible que tengamos una situación de pleno empleo sin haber alcanzado la plena producción.

Las tribus primitivas carecen de ropa, están mal alimentadas y sus alojamientos dejan mucho que desear, pero no tienen desempleo. China e India son incomparablemente más pobres que nosotros, pero el principal problema que padecen son sus primitivos métodos de producción (los cuales son tanto causa como consecuencia de la escasez de capitales), y no del paro. Nada es más fácil de lograr que el pleno empleo, una vez que se separa del objetivo de la plena producción y se considera un fin en sí mismo. Hitler proporcionó pleno empleo mediante un descomunal programa de armamento. La Segunda Guerra Mundial permitió lograr el pleno empleo a todas las naciones involucradas en ella. El trabajo esclavo en Alemania gozaba de pleno empleo, como las prisiones y las brigadas de trabajos forzados. La coerción siempre puede garantizar el pleno empleo.

Sin embargo, nuestros legisladores nunca presentan en el Congreso proyectos de ley de Plena Producción, sino de Pleno Empleo. Incluso hay comités de empresarios que recomiendan «una Comisión Presidencial sobre Pleno Empleo», no sobre plena producción, ni siquiera sobre las *dos* cosas a la vez. En todas partes, los medios se erigen en el fin, y el propio fin cae relegado al olvido.

Se discute de los temas relacionados con los salarios y el empleo como si éstos no tuvieran relación alguna con la productividad y la producción. Partiendo del supuesto de que sólo existe una cantidad determinada de trabajo por hacer, algunas voces concluyen que una semana de treinta horas generaría más empleos y, por lo tanto, sería preferible a una de cuarenta horas, y de este modo se toleran centenares de confusas prácticas sindicales encaminadas a aparentar la existencia de unos puestos de trabajo que en realidad son superfluos. Cuando un tal Petrillo amenace con cerrar una emisora de radio por no dar empleo al doble de músicos de los que necesita, recibirá el apoyo de una parte del público porque, al fin y al cabo, lo único que pretende es crear más empleos. Durante la vigencia de la WPA,[3] se consideraba una muestra de talento por parte de los administradores públicos idear

3. *N. del T:* Works Progress Administration (Administración para el progreso de las Obras Públicas).

proyectos que emplearan el mayor número posible de trabajadores en relación con el valor del trabajo realizado; en otras palabras, en los que la mano de obra fuera menos eficiente.

Si fuera posible –aunque no lo es–, sería preferible lograr la producción máxima mientras parte de la población permanece en ocio involuntario, mediante ayudas económicas claras, antes que intentar un «pleno empleo» mediante trabajos encubiertos de diversas formas, hasta el punto de que la producción quede finalmente desorganizada. El progreso de la civilización ha significado la reducción de las personas empleadas, no su aumento. Gracias al paulatino aumento de la riqueza nacional hemos sido capaces de eliminar prácticamente el trabajo infantil, suprimir la necesidad de trabajo para gran parte de las personas de edad avanzada y hacer prescindible que millones de mujeres desempeñen ocupaciones remuneradas. Una proporción significativamente menor de la población estadounidense requiere trabajar en comparación con, por ejemplo, la de China o Rusia. La verdadera cuestión no es cuántos millones de empleos habrá en Estados Unidos dentro de diez años, sino cuál será el volumen de nuestra producción y, en consecuencia, cuál será nuestro nivel de vida. El problema de la distribución de la riqueza, sobre el cual se está poniendo todo el énfasis hoy en día, después de todo, será más fácil de resolver cuanto más haya que distribuir.

Podemos aclarar nuestro pensamiento si ponemos el énfasis principal donde corresponde: en las políticas económicas que ayuden a incrementar la producción al máximo.

Capítulo 11

¿A quién «protegen» los aranceles?

Una simple enumeración de las diversas políticas económicas aplicadas por los gobiernos de todo el mundo bastaría para que cualquier estudiante serio de economía se echara las manos a la cabeza en señal de desesperación. ¿Qué sentido tiene, probablemente se preguntaría, discutir los avances y progresos de la teoría económica cuando ni la opinión pública ni las políticas gubernamentales han alcanzado todavía, con respecto a las relaciones internacionales, la doctrina de Adam Smith? Porque las actuales políticas arancelarias y comerciales no sólo son tan perjudiciales como las de los siglos XVII y XVIII, sino incomparablemente peores. De hecho, tanto las verdaderas como las supuestas motivaciones que justifican esos aranceles y otras restricciones al tráfico internacional de mercancías son las mismas que entonces.

Desde la publicación de *La riqueza de las naciones* hace más de dos siglos, los argumentos en defensa del libre comercio han sido expuestos miles de veces, aunque tal vez nunca con mayor sencillez y convicción que en dicha obra. En general, Smith fundamentó su argumento en un postulado fundamental: «En todos los países, el interés de la inmensa mayoría de la población es y debe ser siempre comprar lo que necesita a aquel que lo vende más barato». «El supuesto es tan evidente –continua Smith– que todo esfuerzo por demostrarlo resultaría ridículo; ni podría haberse puesto jamás en duda, de no haber sido por la interesada sofistería de los comerciantes e industriales, que logró confundir el sentido común de la humanidad».

Desde otro punto de vista, Smith consideraba el libre comercio como otro aspecto de la especialización en el trabajo:

> La máxima de todo cabeza de familia prudente es no intentar nunca fabricar en casa lo que le cueste más hacer que comprar. El sastre no intenta hacer sus propios zapatos, sino que se los compra al zapatero. El zapatero no intenta hacer su propia ropa, sino que contrata a un sastre. El agricultor no intenta hacer ni lo uno ni lo otro, sino que emplea a esos diferentes artífices. A todos ellos les interesa emplear toda su industria de una manera en la que tengan alguna ventaja sobre sus vecinos, y comprar con una parte de su producto, o lo que es lo mismo, con el precio de una parte de él, cualquier otra cosa para la que tengan ocasión. Lo que es prudencia en la conducta de toda familia privada apenas puede ser imprudencia en la de un gran reino.

Pero ¿qué es lo que llevó a la gente a suponer que lo que era prudente en la conducta de cualquier familia *podía* ser una imprudencia en la de un gran reino? Pues toda una red de falacias de las que la humanidad aún no ha podido liberarse. Y la más persistente entre ellas ha sido siempre la falacia central sobre la que trata este libro: fijarse únicamente en los efectos inmediatos de un arancel sobre determinados grupos y descuidar los efectos a largo plazo sobre toda la comunidad.

2

Un fabricante estadounidense de jerséis de lana acude al Congreso o al Departamento de Estado e informa al comité o al funcionario de turno que sería un desastre nacional suprimir o reducir el arancel sobre los jerséis británicos. Actualmente vende sus jerséis a 30 dólares cada uno, pero los fabricantes ingleses podrían vender los suyos, que son de la misma calidad, a 25 dólares. Por lo tanto, para poder mantener su negocio es necesario un arancel de 5 dólares sobre los jerséis importados. Por supuesto, no piensa sólo en sí mismo, sino en los miles de hombres y mujeres a quienes emplea y en las personas a quienes la capacidad de compra de sus empleados, a su vez, proporciona empleo. Si los despidiera, se crearía desempleo y un descenso del poder adquisitivo, un fenómeno que se iría extendiendo a círculos cada vez más amplios. Y si puede demostrar que la eliminación o reducción del arancel le obligaría realmente a cerrar su negocio, su argumento en contra de tal medida será considerado conveniente por el Congreso.

Pero la falacia proviene de considerar únicamente a ese fabricante y a sus empleados, o de limitar la mirada a la industria estadounidense de jerséis, atendiendo tan sólo a los resultados que se ven de inmediato y pasando por alto aquellos que no se ven porque se les impide llegar a existir.

Los grupos de presión que trabajan en favor de la protección arancelaria continuamente presentan argumentos que no se corresponden con la realidad. Pero supongamos que en este caso concreto los hechos son justo como los expone el fabricante de jerséis. Supongamos que es necesario mantener un arancel de 5 dólares por jersey para que su negocio pueda seguir abierto y dando empleo a sus trabajadores en la confección de jerséis.

Hemos elegido deliberadamente el ejemplo más desfavorable para la eliminación de aranceles. No hemos considerado un argumento a favor de la imposición de un nuevo arancel con el fin de fomentar la creación de una nueva industria, sino que hemos preferido limitarnos a la argumentación favorable a mantener un arancel *que ya ha creado una industria* y que no puede derogarse sin perjudicar los intereses de alguien.

Se elimina el arancel; el fabricante se ve obligado a cerrar su negocio; mil trabajadores son despedidos, perjudicando también a los comerciantes a quienes éstos compraban. Éstas son las consecuencias inmediatas. Pero también se producen otras que, aunque mucho más difíciles de percibir, no por ello son menos inmediatas y reales. Por ejemplo, los jerséis que antes costaban 30 dólares la pieza ahora se pueden comprar por 25. De modo que los consumidores pueden comprar ahora un jersey de la misma calidad por menos dinero, o uno mucho mejor por el mismo precio. Si compran uno de la misma calidad, no sólo tendrán un jersey, sino que además dispondrán de 5 dólares que no habrían tenido bajo las condiciones anteriores para comprar otra cosa. Con los 25 dólares que pagan por el jersey importado, contribuyen –como sin duda predijo el fabricante estadounidense– a la creación de empleo en la industria inglesa de jerséis. Con los 5 dólares que se han ahorrado, contribuyen al fomento del empleo en diversas industrias estadounidenses.

Pero la cosa no termina ahí. Al comprar jerséis ingleses, les están proporcionando dólares a los británicos para que éstos, a su vez, adquieran productos estadounidenses. De hecho, ésta es la única manera (si se me permite ignorar complicaciones como la fluctuación de los tipos de cambio, los empréstitos, los créditos, etc.) en que los británicos podrán utilizar en el futuro esos dólares. Dado que hemos permitido que nos vendan más productos suyos, ahora se encuentran en condiciones de adquirir una mayor cantidad de nuestros productos. De hecho, están *obligados* a hacerlo si no quieren dejar inutilizados sus saldos en dólares. Por tanto, al permitir la entrada de más productos británicos estaremos facilitando la exportación de más productos estadounidenses. Y aunque ahora haya menos personas empleadas en la industria estadounidense de jerséis, habrá más personas trabajando –y de manera mucho más eficiente– en, por ejemplo, la fabricación de lavadoras o de aeronaves. El empleo total en Estados Unidos no habrá disminuido nada, pero la producción estadounidense y británica habrá aumentado. La mano de obra de cada país estará ahora más centrada en aquello que mejor sabe hacer, en lugar de verse obligada a hacer cosas de forma ineficaz o deficiente. Los consumidores de ambos países resultan beneficiados al poder adquirir lo que desean allí donde es más barato. Los consumidores estadounidenses están mejor abastecidos de jerséis, y los británicos, de lavadoras y aviones.

3

Analicemos ahora el caso contrario para ver el efecto que tendría la imposición de un arancel. Supongamos que la importación de géneros de punto nunca ha tenido un arancel, que los consumidores estadounidenses estaban acostumbrados a comprar jerséis extranjeros sin gravamen alguno, y que alguien sugiere que *podría crearse una industria de jerséis* en Estados Unidos imponiendo un arancel de 5 dólares.

Desde el punto de vista lógico, este argumento es sólido. El costo de los jerséis británicos para el consumidor estadounidense podría ser tan alto que a los fabricantes estadounidenses les resultaría rentable entrar en el negocio de los jerséis. Ahora bien, los consumidores estadounidenses se verían obligados a subvencionar dicha industria. Por cada jersey estadounidense que compraran, tendrían que pagar un impuesto de 5 dólares que la industria recién creada les cobraría con un sobreprecio sobre el producto final.

Se emplearían estadounidenses en la industria de los jerséis que nunca habían trabajado en ese sector productivo. Eso es totalmente cierto. Pero no se lograría aumentar ni la capacidad industrial ni de creación de empleo del país. Dado que el consumidor estadounidense tendría que pagar 5 dólares más por un jersey de la misma calidad, dispondría de una cantidad menor equivalente para comprar cualquier otra cosa. Se vería forzado a reducir sus gastos totales en 5 dólares para la adquisición de otros productos o servicios. Para que una industria pudiera crecer o asentarse, cientos de otras tendrían que ver reducidos sus beneficios. Para que 50 000 personas pudieran trabajar en la industria de los jerséis de lana, otras 50 000 personas tendrían que perder su empleo en otros sectores de la producción.

Eso sí, la nueva industria sería *visible*. Podría contabilizarse fácilmente el número de sus empleados, el capital invertido en ella o el valor de mercado en dólares de sus productos. Los vecinos verían a los trabajadores entrando y saliendo de la fábrica todos los días. Los resultados serían palpables y directos. Sin embargo, no sería tan fácil de percibir la reducción en el volumen de negocio de otras cien industrias o la pérdida de 50.000 empleos en otros sectores. Ni siquiera el estadístico más versado sería capaz de establecer cuál ha sido la repercusión exacta de la pérdida de otros empleos –la cantidad de hombres y mujeres que han sido despedidos de cada uno de los sectores, o la cuantía del volumen de negocio perdido por cada industria específica–, debido a que los consumidores se ven obligados a pagar más por sus jerséis. Pues la pérdida, repartida entre todas las demás actividades productivas del país, sería relativamente insignificante en cada caso. Nadie sería capaz de saber con precisión cómo *habría* gastado cada consumidor sus 5 dólares adicionales si se le hubiera permitido retenerlos. Por lo tanto, es probable que la gran mayoría de las personas cayera en la ilusión de que la nueva industria no les ha implicado ningún sacrificio.

4

Es importante destacar que el nuevo arancel sobre los jerséis no aumentaría los salarios en Estados Unidos. Sin duda, permitiría a los estadounidenses trabajar *en la industria de los jerséis* al nivel medio aproximado de los salarios nacionales (para trabajadores de su especialidad), en lugar de tener que competir en esta industria con el nivel salarial británico. Pero no habría un aumento en los salarios estadounidenses *en general* como resultado del arancel, ya que, como hemos visto anteriormente, no se produciría un aumento neto en el número de empleos, ni en la demanda de bienes, ni en la productividad laboral. Ésta última experimentaría una *reducción* provocada por el arancel.

No se trata únicamente de que las ganancias visibles se vean compensadas por pérdidas menos evidentes pero también reales, sino de que, en realidad, el arancel ocasiona una pérdida neta para el país, ya que, al contrario que siglos de propaganda interesada y de confusión bienintencionada, los aranceles *reducen* el nivel general de los salarios estadounidenses.

Observemos este proceso más atentamente. Hemos visto que el sobreprecio que los consumidores pagan por un artículo protegido por un arancel reduce en una cantidad equivalente su capacidad para adquirir otros artículos. La industria en su conjunto no obtiene ninguna ganancia neta. Sin embargo, como resultado de la barrera artificial erigida contra los productos extranjeros, el trabajo, el capital y la tierra son desviados de los sectores productivos más eficientes a los menos eficientes. Por lo tanto, como consecuencia de la barrera arancelaria, se reduce la productividad media del trabajo y el capital estadounidenses.

Si lo analizamos ahora desde el punto de vista del consumidor, descubrimos que puede comprar menos con el dinero de que dispone. Al tener que pagar más por los jerséis y otros productos protegidos, su capacidad de compra se ve reducida para todo lo demás. Por tanto, el poder adquisitivo general de sus ingresos se ha visto reducido. Los efectos finales del arancel, es decir, la subida de los precios o la reducción de los salarios, dependerá de la política monetaria que se aplique en aquel momento. Pero es evidente que los aranceles, aunque puedan provocar un aumento de los salarios en las industrias protegidas por encima del nivel que habrían alcanzado en circunstancias normales, *reducen los salarios reales de todos* los empleos del país en comparación con el nivel que habrían alcanzado de otro modo.

Sólo las mentes adulteradas por años de propaganda engañosa considerarán paradójica esta conclusión. ¿Qué otro resultado cabría esperar de una política que deliberadamente invierte los recursos de capital y mano de obra en proyectos muy alejados de aquello que mejor sabe hacer? ¿Qué otro resultado podríamos esperar de erigir deliberadamente obstáculos artificiales al tráfico comercial y al transporte?

Porque las barreas arancelarias producen el mismo efecto que los muros reales. De ahí que los partidarios del proteccionismo utilicen habitualmente expresiones propias del lenguaje bélico. Hablan, por ejemplo, de «repeler una invasión» de productos extranjeros. Y las medidas que sugieren en el ámbito fiscal nos recuerdan a las tácticas militares. Las barreras arancelarias que se levantan para repeler la invasión son como las defensas antitanques, las trincheras y las alambradas utilizadas para detener o frenar el intento de invasión de un ejército extranjero.

Y así como los ejércitos extranjeros se ven obligados a emplear medios cada vez más costosos para superar esos obstáculos (tanques más grandes, detectores de minas, cuerpos de ingenieros para cortar alambradas, vadear ríos y construir puentes), también deben desarrollarse medios de transporte más costosos y eficientes para superar los obstáculos arancelarios. Por un lado, intentamos reducir el costo del transporte entre Inglaterra y Estados Unidos, o entre éstos y Canadá, mediante el desarrollo de aviones y barcos más rápidos y eficientes, mejores carreteras y puentes, y mejores locomotoras y camiones. Por otro lado, echamos a perder esta inversión en transporte eficiente con un arancel que hace que el traslado de mercancías sea comercialmente aún más difícil que antes. Abaratamos un dólar el envío de los jerséis y luego aumentamos el arancel en dos dólares para dificultar su transporte. Al reducir la cantidad de carga que puede transportarse de manera rentable, disminuimos el valor de la inversión en eficiencia del transporte.

5

Se ha definido el arancel como un medio de beneficiar al productor a expensas del consumidor. En cierto sentido, esto es correcto. Sus partidarios sólo piensan en los intereses de los fabricantes que se benefician directamente de ellos, pero olvidan los intereses de los consumidores que se ven de inmediato perjudicados al verse obligados a pagarlos. Ahora bien, es incorrecto pensar en el tema de los aranceles como si representara un conflicto de intereses entre productores y consumidores. Aunque es cierto que los aranceles perjudican a todos los consumidores como tales, es equivocado pensar que benefician a todos los productores como tales. Por el contrario, como acabamos de ver, beneficia a los productores protegidos a expensas de todos los demás productores estadounidenses, *y en especial a aquellos que tienen un mercado de exportación potencial comparativamente más amplio.*

Quizás podamos aclarar este último punto mediante un ejemplo intencionadamente exagerado. Supongamos que elevamos hasta tal punto las barreras arancelarias que éstas se vuelvan del todo prohibitivas y terminen por paralizar las importaciones. Supongamos, como resultado de esto, que el precio de los jerséis en Estados Unidos aumenta sólo cinco dólares. De este modo, los consumidores estadounidenses, al tener que pagar cinco dólares más por un jersey, gastarán, de promedio, cinco centavos menos en otras cien industrias estadounidenses. (Las cifras sólo pretenden ilustrar el razonamiento; por supuesto, la distribución de las pérdidas no será simétrica. Además, la propia industria de confección de jerséis también se verá perjudicada por la protección de otras industrias. Pero, por el momento, dejaremos de lado todas estas complicaciones).

Ahora bien, como las industrias extranjeras verán su mercado en Estados Unidos *totalmente* bloqueado, no obtendrán divisas en dólares y, por lo tanto, *no podrán comprar ningún producto estadounidense.* Como resultado de esto, las industrias estadounidenses sufrirán unas pérdidas proporcionales al porcentaje de sus ventas anteriores en el extranjero. Las más perjudicadas, en primera instancia, serán las industrias del algodón, cobre, máquinas de coser, maquinaria agrícola, máquinas de escribir, aviones comerciales, etc.

Un aumento de los aranceles que, sin embargo, no llegue a ser prohibitivo producirá idénticos resultados, pero en menor medida.

Por tanto, los aranceles transforman la propia *estructura* productiva. Alteran el número y los tipos de ocupaciones, así como el tamaño relativo de las diversas industrias. Hacen que aquellas en las que somos comparativamente menos eficientes se vuelvan más grandes, y que aquellas en las que somos comparativamente más eficientes se vuelvan más pequeñas. Esto se traduce, por tanto, en la reducción de la eficiencia estadounidense, así como la de los países con los que, de otro modo, habríamos comerciado más intensamente.

A la larga, y a pesar de los numerosos argumentos a favor y en contra, el tema de los aranceles es irrelevante para el problema del empleo. (Es cierto que los *cambios* bruscos en las tarifas, ya sea al alza o a la baja, pueden generar desempleo temporal, ya que obligan a realizar ajustes correspondientes en la estructura de la producción. Tales cambios pueden incluso provocar una depresión económica). Pero los aranceles sí son relevantes para la cuestión de los salarios. A la larga, siempre terminan por reducir los salarios reales, porque disminuyen la eficiencia, la producción y la riqueza.

Por consiguiente, las principales falacias en torno a los aranceles se derivan de la falacia central que abordamos en este libro. Son el resultado de fijarse únicamente en los efectos inmediatos de un único tipo arancelario sobre determinado grupo de fabricantes y olvidar los efectos a largo plazo tanto sobre los consumidores en su conjunto como sobre todos los demás fabricantes.

(Oigo la pregunta de algún lector: «¿Por qué no resolver el problema otorgando protección arancelaria a *todos* los productores?». Pero la falacia en este caso es que esto no ayudaría a todos los productores de forma uniforme, y mucho menos a aquellos que ya son más competitivos que los productores extranjeros; la desviación de poder adquisitivo provocada por el arancel afectaría necesariamente a estos productores más eficientes).

6

En cuanto al problema arancelario, debemos tener muy presente una última advertencia, muy similar, por cierto, a la que expusimos al examinar los efectos de la maquinaria. No negaremos que los aranceles benefician, o al menos *pueden* beneficiar, a *determinados grupos de interés*. Evidentemente, los beneficia *a expensas de todos los demás*. Pero, al fin y al cabo, los benefician. Si una determinada industria pudiera obtener protección arancelaria, mientras sus propietarios y trabajadores disfrutaran de los beneficios del libre comercio en la adquisición de productos, no cabe duda de que saldría beneficiada en su conjunto. No obstante, cuando se intenta *extender* los beneficios arancelarios a otras industrias, incluso las personas vinculadas a las industrias protegidas –tanto en su papel de productores como de consumidores– empiezan a experimentar perjuicios derivados de la protección otorgada a otros, pudiendo eventualmente encontrarse en una posición peor en el balance global que si ni ellos ni ningún otro agente contara con protección alguna.

Pero no debemos negar, como suelen hacer los entusiastas defensores del libre comercio, la posibilidad de que estos aranceles beneficien a determinados grupos. No debemos pretender, por ejemplo, que una reducción de las tarifas beneficiaría a todos y no perjudicaría a nadie. Es cierto que su reducción beneficiaría al país en su conjunto. Sin embargo, se vería afectado *algún* sector, sobre todo aquellos grupos que previamente se beneficiaban de un alto nivel de protección. En realidad, ésta constituye una de las razones por las cuales no resulta conveniente establecer tales intereses protegidos desde un buen principio. Pero tanto la claridad como la sinceridad nos obligan a reconocer que algunas industrias tienen razón cuando aseguran que la eliminación de los aranceles sobre sus productos las llevaría a la quiebra y dejaría a sus trabajadores, al menos temporalmente, sin empleo. Y en caso de que sus trabajadores hayan desarrollado competencias especializadas, podrían verse afectados de manera permanente, o hasta que logren, por fin, adquirir competencias equivalentes. Al investigar los efectos de los aranceles, como al analizar los efectos de la maquinaria sobre el empleo, deberíamos esforzarnos por anticipar *todos* los efectos importantes, tanto a corto como a largo plazo, sobre *todos* los grupos implicados.

Como añadido final a este capítulo, conviene señalar que el argumento expuesto no se dirige contra la *totalidad* de los aranceles, incluidas las tarifas establecidas principalmente con fines recaudatorios o para preservar industrias esenciales en tiempos de guerra, ni contra todos los argumentos a favor de los aranceles. Se dirige únicamente contra la falacia que asegura que los aranceles, en términos generales, «generan empleo», «aumentan los salarios» o «protegen el nivel de vida estadounidense». Pero no sirven para ninguna de estas cosas, y en lo que se refiere a salarios y nivel de vida, consiguen precisamente lo contrario. No obstante, el análisis de los aranceles establecidos con otros fines nos llevaría más allá del ámbito del presente estudio.

Tampoco es éste el lugar más adecuado para examinar las consecuencias de las cuotas de importación, el control de las divisas, el bilateralismo y otros procedimientos encaminados a reducir, desviar o impedir el comercio internacional. Estas medidas tienen, en general, los mismos efectos que los aranceles altos o prohibitivos, y a menudo efectos más perniciosos. Aunque plantean cuestiones más complejas, sus resultados pueden analizarse mediante el mismo tipo de razonamiento que acabamos de aplicar a las barreras arancelarias.

Capítulo 12

El ansia de la exportación

El miedo patológico a las importaciones que afecta a todas las naciones sólo se ve superado por el afán patológico por exportar. Desde un punto de vista lógico, nada podría ser más incoherente. A largo plazo, las importaciones y las exportaciones deben igualarse necesariamente (consideradas ambas en el sentido más amplio, que incluye partidas «invisibles», tales como los gastos derivados del turismo, fletes marítimos y todos los demás elementos que conforman la «balanza de pagos»). Las exportaciones pagan las importaciones, y viceversa. Si esperamos recibir algún día el pago por nuestras importaciones, cuanto mayor sea el volumen de nuestras exportaciones, tanto mayor debería ser el volumen de nuestras importaciones. Cuanto menores sean las importaciones, menos lograremos exportar. Sin importaciones no podemos tener exportaciones, porque los países extranjeros no tendrán fondos necesarios para adquirir nuestros productos. Cuando decidimos reducir nuestras importaciones, en realidad también decidimos reducir nuestras exportaciones. Cuando decidimos aumentar nuestras exportaciones, en realidad también decidimos aumentar nuestras importaciones.

La razón que lo explica es elemental. Un exportador estadounidense vende sus productos a un importador británico y recibe el pago en libras esterlinas. Sin embargo, no puede usar libras para pagar los salarios de sus trabajadores o para comprarle ropa a su esposa ni entradas para el teatro. Para todo eso necesita dólares. Por consiguiente, sus libras no le sirven de nada a menos que las utilice para comprar productos británicos o se las venda (a través de su banco u otro agente) a algún importador estadounidense que desee usarlas para comprar productos británicos. Haga lo que haga, la transacción no puede completarse hasta que las exportaciones estadounidenses hayan sido compensadas por un importe equivalente procedente de las importaciones.

Si la transacción se hubiera realizado en dólares en lugar de libras la situación sería idéntica. El importador británico no podría pagar al exportador estadounidense en dólares, a menos que algún exportador británico hubiera acumulado previamente un crédito en dólares en Estados Unidos como consecuencia de alguna venta anterior. El cambio extranjero, en resumen, es una transacción de compensación que permite liquidar las deudas en dólares contraídas por los extranjeros contra sus créditos en dólares. En Inglaterra, las deudas en libras esterlinas de los extranjeros son canceladas contra sus créditos en libras esterlinas.

No hay razón para entrar aquí en detalles técnicos, que pueden encontrarse en cualquier manual sobre cambio internacional. No obstante, cabe señalar que el tema no encierra misterio alguno (a pesar del misterio que a menudo lo rodea), y que no difiere esencialmente de lo que ocurre en el comercio interior. Todos debemos vender algo, incluso si para la mayoría eso significa vender servicios en lugar de bienes, para obtener el poder adquisitivo necesario para comprar. El comercio interior también se realiza, principalmente, mediante el intercambio de cheques y otros mecanismos de crédito a través de las cámaras de compensación.

Es cierto que, bajo el sistema internacional del patrón oro, las discrepancias en la balanza de importaciones y exportaciones a veces se liquidan mediante remesas de oro. Pero también podrían haberse saldado mediante envíos de algodón, acero, whisky, perfumes o cualquier otro producto. La principal diferencia radica en que, cuando existe un patrón oro, la demanda de oro es prácticamente ilimitada (en parte, porque se considera y acepta como una «moneda» internacional de carácter residual y no como una mercancía más), y en que las naciones no ponen impedimentos artificiales a las liquidaciones en oro como sí lo hacen con casi todo lo demás. (Por otro lado, en los últimos años han empezado a limitar la *exportación* de oro en mayor medida que cualquier otro producto, pero ésa es otra historia).

Ahora bien, las mismas personas que razonan con claridad y lógica cuando se habla de comercio interior pierden toda objetividad cuando el tema pasa a ser el comercio internacional. En este último ámbito pueden defender seriamente –o aceptar sin objeción– principios que considerarían absurdo aplicar en los asuntos internos. Un ejemplo típico es la creencia de que el gobierno, para aumentar las exportaciones, debería otorgar enormes préstamos a otros países, sin tener en cuenta si esos préstamos serán devueltos o no.

Por supuesto, los ciudadanos estadounidenses deben estar capacitados para prestar sus fondos en el extranjero bajo su propio riesgo. El gobierno no debería imponer obstáculos arbitrarios a la concesión de préstamos privados a países con los que mantenemos relaciones amistosas. Como individuos, deberíamos estar dispuestos a ayudar con generosidad, movidos únicamente por razones humanitarias, a quienes sufren o corren peligro de morir de hambre. Pero siempre deberíamos tener muy claro lo que estamos haciendo. No es prudente practicar la caridad con otros países bajo el supuesto de que se está realizando una sensata transacción comercial únicamente con fines egoístas. Eso, a la larga, sólo conduciría a malentendidos y un empeoramiento de las relaciones mutuas.

Sin embargo, entre los argumentos que suelen emplearse para defender los enormes préstamos exteriores, una falacia ocupa siempre un lugar destacado. Funciona del siguiente modo: incluso si la mitad (o la totalidad) de los préstamos concedidos a otros países terminaran impagados, nuestro país seguiría estando en mejor situación que antes porque nuestras exportaciones experimentarían un enorme impulso.

Los que creen eso deberían entender cuanto antes que si los préstamos concedidos a otros países para que puedan comprar nuestros productos no se devuelven, lo que estamos haciendo en la práctica es regalarlos. Y una nación no puede hacerse rica regalando sus bienes; lo único que conseguirá será empobrecerse.

Nadie pone en duda esta proposición cuando es aplicada al ámbito privado. Si una empresa automovilística le concede un préstamo de

5000 dólares a un particular para que compre un vehículo valorado en ese precio y el préstamo no se devuelve, la empresa no sale beneficiada por haber «vendido» el vehículo, sino que, sencillamente, habrá perdido el costo de fabricación del vehículo. Si el costo de fabricación fue de 4000 dólares y sólo se devuelve la mitad del préstamo, la empresa automovilística ha perdido 4000 menos 2500 dólares, es decir, un total neto de 1500 dólares. No ha recuperado con la operación lo que perdió con el préstamo impagado.

Si esta proposición es tan sencilla al ser aplicada a una empresa privada, ¿por qué motivo personas aparentemente inteligentes parecen confundirse cuando la aplican a un país? La razón es que, en este caso, la transacción debe seguirse mentalmente a través de diversas fases adicionales. Puede que un grupo obtuviera ganancias, pero el resto de nosotros habríamos de asumir las pérdidas.

Es cierto, por ejemplo, que las personas dedicadas principalmente al comercio de exportación podrían obtener ganancias netas como resultado de préstamos temerarios concedidos en el extranjero. La pérdida nacional resultante de la transacción sería indudable, aunque podría distribuirse de modos difíciles de discernir. Los prestamistas privados asumen directamente sus pérdidas, mientras que las pérdidas derivadas de los empréstitos gubernamentales se terminan pagando con el aumento de la imposición fiscal sobre toda la población. Es más, también se producirían numerosas pérdidas indirectas, ocasionadas por el efecto que dichas pérdidas directas tendrían sobre la economía.

A la larga, los préstamos extranjeros no reembolsados, en lugar de producir beneficios, ocasionarían efectos dañinos tanto para las empresas como para el empleo. Por cada dólar adicional que los compradores extranjeros tuvieran para comprar productos estadounidenses, los compradores nacionales dispondrían, en última instancia, de un dólar menos. Por lo tanto, las empresas que dependen del comercio interior se verían perjudicadas a largo plazo en la misma proporción en que saldrían beneficiadas las empresas exportadoras. Incluso muchas empresas dedicadas al comercio de exportación resultarían perjudicadas en el balance neto. Las empresas automovilísticas estadounidenses, por ejemplo, vendieron en 1975 alrededor del 15 % de su producción en el mercado exterior. No les resultaría provechoso vender un 20 % de su producción en el extranjero como consecuencia de préstamos internacionales impagados si, con ello, perdieran, digamos, un 10 % de sus ventas en el mercado interior debido a los impuestos adicionales cobrados a los compradores estadounidenses para compensar los préstamos extranjeros impagados.

Nada de todo esto significa, repito, que sea imprudente que los inversores privados concedan préstamos en el extranjero, sino simplemente que no podemos enriquecernos con préstamos incobrables.

Por la misma razón que es estúpido dar un falso estímulo al comercio exterior mediante préstamos incobrables o regalos directos a otros países, también es absurdo crear un falso estímulo al comercio exterior mediante subsidios a las exportaciones. Los subsidios a la exportación constituyen un claro ejemplo de dar algo a un país extranjero a cambio de nada, al venderle productos a un precio inferior a su costo de producción. Nos encontramos ante otro ejemplo de cómo intentar hacerse rico regalando cosas.

Frente a todo esto, el gobierno de Estados Unidos lleva años inmerso en un programa de «ayuda económica exterior» consistente, en su mayor parte, en la donación directa de regalos entre gobiernos por valor de miles de millones de dólares. Aquí nos interesa únicamente un aspecto de dicho programa: la ingenua creencia, sostenida por muchos de sus promotores, de que se trata de un método ingenioso –o incluso necesario– para «aumentar nuestras exportaciones» y, de ese modo, mantener la prosperidad y el nivel de empleo. De hecho, estamos ante otra manifestación de esa ilusión que considera que una nación puede enriquecerse regalando sus bienes. Ahora bien, lo que enmascara esta realidad a muchos de los partidarios del programa es que lo que se está regalando no son las exportaciones mismas, sino el dinero que sirve para obtenerlas. Por tanto, es posible que ciertos exportadores obtengan beneficios netos a nivel individual de la pérdida de riqueza nacional, siempre y cuando sus ganancias derivadas de las exportaciones sean superiores a la parte proporcional de los impuestos que pagan para financiar el mencionado programa.

Aquí se presenta, de manera clara, un ejemplo más del error que consiste en atender únicamente al efecto inmediato de una política sobre un grupo particular, sin disponer de la paciencia ni de la capacidad intelectual necesarias para analizar sus repercusiones a largo plazo sobre toda la sociedad.

Si se analizan detenidamente los efectos a largo plazo sobre la totalidad de la sociedad, llegamos a una conclusión bien distinta, la cual constituye la exacta antítesis de la doctrina que ha predominado durante siglos el pensamiento de la mayoría de los funcionarios gubernamentales. Como señaló con notable claridad John Stuart Mill, la verdadera ganancia del comercio exterior para cualquier país no radica en sus exportaciones, sino en sus importaciones. Los consumidores pueden adquirir en el extranjero bienes a un precio inferior al que podrían obtener en el mercado interior, o acceder a mercancías que los productores nacionales no podrían suministrar bajo ninguna circunstancia. En Estados Unidos, el café y el té son buenos ejemplos de esto. Considerado en su conjunto, el motivo real por el cual un país necesita exportaciones es para sufragar el costo de sus importaciones.

Capítulo 13

La «paridad» de precios

La historia de los aranceles nos recuerda que cada grupo de intereses especiales elabora la argumentación más ingeniosa para poder obtener ventajas especiales. Sus portavoces presentan planes que les favorecen, y al principio parecen tan absurdos que los escritores independientes ni siquiera se molestan en exponer sus deficiencias. Aun así, los sectores interesados siguen insistiendo en sus planes. Su aprobación les supondría un beneficio tan grande para su bienestar inmediato que pueden permitirse el lujo de contratar a capacitados economistas y expertos en relaciones públicas para que los propaguen en su nombre. El público escucha los argumentos tan a menudo repetidos y, acompañados de abundantes e imponentes estadísticas, gráficos, curvas y diagramas circulares, pronto termina convencido. Cuando, finalmente, los escritores independientes se dan cuenta de que existe el peligro real de que el plan se lleve a cabo, suele ser demasiado tarde. En pocas semanas no pueden familiarizarse con el tema tan a fondo como los cerebros contratados que le han dedicado todo su tiempo durante años; se les acusa de estar desinformados y presentan el aspecto de quienes pretenden cuestionar axiomas.

Esta tendencia general es también aplicable a la idea de la «paridad» de precios para los productos agrícolas. No recuerdo la primera vez que apareció este tema en un proyecto de ley; pero con la llegada del

New Deal en 1933, pasó a convertirse en un principio definitivamente aceptado y refrendado por la legislación, y año tras año, a medida que se ponían de manifiesto sus absurdos corolarios, también se iban convirtiendo en leyes.

El argumento en favor de la paridad de precios, en líneas generales, funciona del siguiente modo: la agricultura es la industria más básica e importante de todas, de ahí que deba preservarse a toda costa. Además, la prosperidad general depende de la prosperidad del agricultor. Si éste no tiene el poder adquisitivo necesario para adquirir los productos fabricados por la industria, ésta languidecerá. Ésta fue la causa de la depresión económica de 1929, o al menos de nuestra incapacidad para recuperarnos. Porque los precios de los productos agrícolas cayeron de forma drástica, mientras que los de los productos industriales disminuyeron muy poco. El resultado fue que los agricultores no pudieron adquirir productos industriales; los trabajadores urbanos fueron despedidos y no pudieron comprar productos agrícolas, con lo que la depresión económica fue extendiéndose en círculos viciosos cada vez más amplios. Sólo había una solución, y era muy sencilla: restablecer la paridad de precios de los productos agrícolas respecto a los bienes que compra el agricultor. Esta paridad existió en el período comprendido entre 1909 y 1914, cuando los agricultores eran prósperos. Esa relación de precios debería restaurarse y preservarse de forma perpetua.

Sería demasiado largo, además de alejarnos en exceso de nuestro objetivo primordial, examinar todas las absurdidades inherentes a este razonamiento en apariencia plausible. No hay fundamento razonable que nos lleve a considerar como intocables las relaciones de precios que prevalecieron en un año o período determinado, ni siquiera como necesariamente más «normales» que las de cualquier otro período. Incluso si eran «normales» en su momento, ¿qué razón podríamos tener para pensar que esas mismas relaciones se conservarían más de sesenta años después, a pesar de los enormes cambios que se han producido entre tanto en las condiciones de producción y demanda? El período de tiempo comprendido entre 1909 y 1914, como base de la paridad, no fue elegido al azar. En términos de precios relativos, fue una de las épocas de la historia de Estados Unidos más favorables para la agricultura.

Si hubiera habido algo de sinceridad o lógica en esta idea, se habría extendido universalmente. Si las relaciones de precios entre los productos agrícolas e industriales que prevalecieron entre agosto de 1909 y julio de 1914 debían haberse mantenido perpetuamente, ¿por qué no preservar también la relación de precios existente entre todos los productos de aquella época?

Cuando se publicó la primera edición de este libro en 1946, utilicé los siguientes ejemplos para exponer las absurdidades a lo que esto nos habría llevado:

> Un turismo Chevrolet de seis cilindros costaba unos 2150 dólares en 1912; un sedán Chevrolet de seis cilindros, incomparablemente mejorado, costaba 907 dólares en 1942. Sin embargo, ajustado a la «paridad» de los productos agrícolas, tendría que haber costado 3270 dólares en 1942. El precio de la libra de aluminio, entre 1909 y 1913, de promedio fue de 22,5 centavos; a principios de 1946 su precio era de 14 centavos; pero de haber querido mantener la «paridad» habría costado 41 centavos.

Resultaría harto difícil y discutible tratar de actualizar estas dos comparaciones específicas debido no sólo a la gran inflación (los precios al consumidor se han más que triplicado) entre 1946 y 1978, sino también a las diferencias cualitativas de los automóviles entre ambos períodos. Sin embargo, esta dificultad simplemente pone de manifiesto la inviabilidad de la propuesta.

En la edición de 1946, después de hacer la comparación citada antes, observé que ese mismo aumento de productividad también había influido, en parte, en la caída de los precios agrícolas. «En el lustro que va de 1955 a 1959, la producción de algodón en Estados Unidos alcanzó las 428 libras por acre, contra un promedio de 260 libras para el quinquenio 1939-1943 y sólo 188 libras en el quinquenio "base" que va de 1909 a 1913». Las comparaciones más recientes muestran que la productividad agrícola sigue aumentando, si bien a un ritmo más lento. En el quinquenio 1968-1972, la producción de algodón se situó, de promedio, en 467 libras de algodón por acre. De igual modo, en el quinquenio que va de 1968 a 1972, de promedio la producción de maíz alcanzó los 84 *bushels* (o fanegas) por acre, en comparación con un promedio de tan sólo 26,1 *bushels* entre 1935 y 1939, y un promedio de 31,3 *bushels* de trigo por acre, en comparación con un promedio de tan sólo 13,2 en el período anterior.

Los costos de producción de los productos agrícolas se han reducido sustancialmente gracias a una aplicación más adecuada de fertilizantes químicos, mejores variedades de semillas y una mayor mecanización. En la edición de 1946, incluí la siguiente cita: «En algunas explotaciones de gran tamaño, completamente mecanizadas y operadas con sistemas de producción en masa, en la actualidad sólo se requiere entre una tercera y una quinta parte de la mano de obra empleada hace unos años para producir las mismas cosechas».[4] Sin embargo, los defensores de la «paridad de precios» ignoran todo esto.

La negativa a universalizar el principio no es la única prueba de que no se trata de un plan económico concebido para el bien público, sino simplemente de un mecanismo que sirve para subvencionar a un determinado grupo de interés. Otra evidencia de esto es que cuando los precios agrícolas *superan* el nivel de la paridad, o se suben artificialmente mediante las políticas gubernamentales, el bloque agrario del Congreso no exige que se *reduzcan* hasta el nivel de la paridad ni que se reembolsen las subvenciones en la misma medida. Se trata de una regla que sólo funciona en un sentido.

2

Dejando a un lado todas estas consideraciones, volvamos a la falacia central que nos interesa más específicamente aquí. En concreto, el argumento que sostiene que si los agricultores obtienen precios más al-

4. *New York Times,* 2 de enero de 1946. Por supuesto, los propios planes de restricción de superficie cultivada contribuyeron al aumento del rendimiento por acre: primero, porque las tierras que los agricultores dejaron fuera de cultivo eran, naturalmente, las menos productivas; y segundo, porque el alto precio resultante de las ayudas hizo rentable aumentar la cantidad de fertilizante aplicada por acre. Así, los planes gubernamentales de restricción de superficie resultaron, en gran medida, contraproducentes.

tos por sus productos, podrán comprar más bienes industriales, lo que ayudaría a que la industria prospere y se logre el pleno empleo. Para este argumento, naturalmente, no tiene importancia si el agricultor percibe o no los denominados precios de paridad.

Sin embargo, todo depende de cómo se aplique este aumento de los precios. Si es el resultado de una reactivación general de la economía, si deriva de una mayor prosperidad empresarial, del incremento de la producción industrial y del poder adquisitivo de los trabajadores urbanos (y no como consecuencia directa de la inflación), no cabe duda de que esto puede significar mayor prosperidad y producción, no sólo para los agricultores, sino para todo el mundo. No obstante, lo que se discute aquí es el aumento de los precios agrícolas provocado por una intervención estatal. Este objetivo puede lograrse de diversas maneras. El incremento puede imponerse mediante un simple decreto, aunque éste es el método menos recomendable. El gobierno también puede comprar todos los productos agrícolas que se le ofrecen al precio de paridad. Puede lograrse mediante la concesión de préstamos gubernamentales a los agricultores, por sumas suficientes sobre el valor de sus cosechas, que les permitan retenerlas fuera del mercado hasta que se alcance el precio de paridad o uno superior. O a través de la imposición de restricciones por parte del gobierno al tamaño de las cosechas. En la práctica, termina lográndose mediante una combinación de todos los métodos anteriores. Por el momento nos limitaremos a suponer que, sea cual sea el método, se alcanza el objetivo deseado.

¿Qué habremos conseguido con ello? Los agricultores obtienen precios más altos para sus cosechas. A pesar de la reducción de la producción, por ejemplo, su «poder adquisitivo» aumenta. Por el momento, son más prósperos y pueden permitirse más productos industriales. Esto es lo que perciben quienes simplemente se fijan en las consecuencias inmediatas de las políticas destinadas a beneficiar a determinados grupos de interés.

Pero hay otra consecuencia, no menos inevitable. Supongamos que el *bushel* de trigo, que de otro modo se vendería a 2,50 dólares, sube a 3,50 dólares debido a esta política. El agricultor obtiene 1 dólar más por *bushel* de trigo. Pero el trabajador urbano, como consecuencia del mismo proceso, paga 1 dólar más por *bushel* de trigo, lo que se traduce en un aumento del precio del pan. Lo mismo ocurre con cualquier otro producto agrícola. Si el agricultor tiene entonces 1 dólar más de poder adquisitivo para comprar productos industriales, el trabajador urbano dispone precisamente de ese mismo poder adquisitivo menos para comprar los mismos productos. Por tanto, la producción industrial total no ha ganado nada. Pierde en ventas urbanas exactamente lo mismo que gana en ventas rurales.

Por supuesto, lo que sí se ha producido es un cambio en la distribución de las ventas. Sin duda, los fabricantes de implementos agrícolas y las empresas que venden sus productos por correo ven aumentadas sus ventas. Pero los grandes almacenes urbanos tienen un menor volumen de negocios.

El asunto, sin embargo, no termina ahí. Este tipo de política no sólo resulta en la falta de una ganancia neta, sino en una pérdida neta. Porque no significa sólo una mera transferencia de poder adquisitivo de los consumidores urbanos, o del contribuyente en general, o de ambos, al agricultor. Con frecuencia también significa un recorte forzoso en la producción de productos agrícolas con el objetivo de provocar una subida de precios, con la consecuente destrucción de riqueza y reducción de alimentos para el consumo. La forma en que se produzca esta destrucción de riqueza dependerá del procedimiento que se utilice para elevar los precios. Puede suponer la destrucción física de lo ya producido, como pasó en Brasil con la quema de café. Puede implicar una restricción forzosa de la superficie cultivada, como en el plan AAA[5] en Estados Unidos, en sus diferentes versiones. Cuando abordemos con mayor amplitud el análisis de los controles gubernamentales sobre las mercancías, examinaremos los efectos de algunos de estos métodos.

No obstante, cabe señalar que cuando el agricultor reduce la producción de trigo para alcanzar la paridad, es posible que obtenga un precio más alto por *bushel,* pero produce y vende menos *bushels*. Como resultado de ello, sus ingresos no aumentan de forma proporcional al incremento de los precios. Incluso algunos defensores de la paridad

---

5. Agricultural Adjustment Act (Ley de Ajuste Agrícola).

de precios reconocen esto, y lo utilizan como argumento para insistir en la *renta* de paridad para los agricultores. Pero esto sólo puede lograrse mediante un subsidio a cargo de los contribuyentes. En otras palabras, para ayudar a los agricultores, se reduce aún más el poder adquisitivo de los trabajadores urbanos y otros sectores.

3

Antes de pasar a otro tema, conviene abordar otro argumento a favor de la paridad de precios que suelen esgrimir sus defensores más sofisticados. «En efecto», admiten sin ruborizarse, «los argumentos económicos a favor de la paridad de precios son erróneos. Tales precios son un privilegio especial que el consumidor debe sufragar a través de los impuestos. Pero ¿no son los aranceles también una imposición para el agricultor? ¿No le obligan a pagar un precio más alto por los productos industriales? No serviría de nada imponer un arancel compensatorio a los productos agrícolas, ya que Estados Unidos es uno de los mayores exportadores mundiales de este tipo de productos. Ahora bien, para el agricultor, el sistema de precios de paridad es el equivalente del arancel. Es la única manera justa de equilibrar las cosas».

Los agricultores que pedían la paridad de precios es evidente que tenían un motivo legítimo de queja. Los aranceles proteccionistas los perjudicaban más de lo que creían. Al reducirse las importaciones industriales, también se redujeron las exportaciones agrícolas estadounidenses, ya que se impedía que los otros países obtuvieran los dólares necesarios para importar nuestros productos agrícolas. Aún peor, provocó que los otros países impusieran medidas arancelarias como represalia. Ahora bien, el argumento al que acabamos de aludir no resiste el examen. Cae en el error incluso en la forma de exponer los hechos. No existe un arancel *general* sobre todos los productos «industriales» o sobre todos los productos no agrícolas. Existen muchas industrias dedicadas al comercio interior o a la exportación que no cuentan con ningún tipo de protección arancelaria. Si el trabajador urbano tiene que pagar un precio más alto por las mantas o los abrigos de lana debido a un arancel, ¿se le «compensa» haciendo que pague también un precio más alto por la ropa de algodón y los alimentos? ¿O simplemente se le roba dos veces?

Algunos proponen que se otorgue la misma «protección» a todos. Pero eso es algo imposible e impracticable. Incluso si partiéramos de la premisa de que el problema tiene una posible solución técnica –un arancel para A, el industrial sujeto a la competencia extranjera; una subvención para B, el industrial que exporta su producción–, sería imposible proteger o subvencionar a todos de forma «justa» o equitativa. Deberíamos conceder a todos el mismo porcentaje (¿o la misma cantidad de dólares?) de protección arancelaria o subvención, y nunca podríamos estar seguros de cuándo estamos duplicando los pagos a algunos grupos o dejando a otros sin la parte que les corresponde.

Pero supongamos que pudiéramos resolver este fantástico problema. ¿Cuál sería el objetivo? ¿Quién gana, cuando se subvenciona a todo el mundo por igual? ¿Dónde está el beneficio cuando todos perdemos a través de un aumento de impuestos exactamente lo mismo que ganamos gracias a la subvención o la protección? Habríamos creado simplemente un ejército de burócratas innecesarios para implementar el programa, alejándolos además del empleo productivo.

Por otro lado, podríamos resolver el problema sencillamente eliminando tanto el sistema de paridad de precios como el de aranceles proteccionistas, ya que la combinación de ambos no compensa nada. El sistema en su conjunto sólo significa que el agricultor A y el industrial B se benefician a expensas de C, el Hombre Olvidado.

De este modo, se evaporan los supuestos beneficios de un nuevo plan en cuanto analizamos no sólo sus efectos inmediatos sobre un grupo específico, sino también los efectos a largo plazo sobre la sociedad en su conjunto.

Capítulo 14

La salvación de la industria X

La industria X está enferma de muerte, de ahí que sus representantes se congreguen en los pasillos del Congreso. Hay que salvarla, y sólo puede conseguirse mediante un arancel, con precios más altos o concediéndole una subvención. Si permitimos que muera, cientos de trabajadores se quedarán en la calle. Sus arrendadores, tenderos, carniceros, las tiendas de ropa y cines locales perderán clientes, y la depresión se extenderá a círculos cada vez más amplios. Pero si, gracias a la rápida intervención gubernamental, la industria X logra *salvarse,* entonces podrá adquirir equipo de otras industrias, contratar a más personal, el cual dará más trabajo a los carniceros, panaderos y fabricantes de luces de neón y, por tanto, será la prosperidad la que se extenderá en círculos cada vez más amplios.

Obviamente, esto no es más que una generalización del caso que acabamos de ver en el capítulo anterior. Allí, la industria X era la agricultura. Pero existe un sinfín de industrias X. Dos de los ejemplos más notables son las industrias del carbón y la plata. Para «salvar la plata», el Congreso provocó un daño inmenso. Uno de los argumentos que se alegaron en favor del plan de rescate de esa industria fue que ayudaría al «extremo Oriente». Uno de sus resultados reales fue provocar la deflación en China, que seguía manteniendo hasta entonces el patrón plata y que se vio obligada a abandonarlo. El Departamento del Tesoro de Estados Unidos tuvo que adquirir, a precios irrisorios, muy por encima del nivel del mercado, grandes cantidades de plata que no necesitaba y almacenarla en sus cajas fuertes. Los objetivos políticos esenciales de los «senadores de la plata» podrían haberse logrado igualmente, con un costo y un daño mucho menores, mediante el pago de un subsidio directo a los dueños de las minas o a sus trabajadores. Sin embargo, ni el Congreso ni el país habrían aceptado un saqueo tan descarado sin el habitual barniz ideológico que defiende «el papel esencial de la plata en el sistema monetario nacional».

Para poder salvar la industria del carbón, el Congreso aprobó la ley Guffey, la cual no sólo permitía, sino que obligaba a los dueños de las minas de carbón a conspirar para no vender por debajo de ciertos precios mínimos fijados por el gobierno. Aunque el Congreso había comenzado fijando «el» precio del carbón, el gobierno no tardó en fijar (debido a los distintos tamaños del mineral, los miles de minas existentes y los envíos a miles de destinos distintos por ferrocarril, camión, barco y barcazas) ¡350 000 precios distintos![6] Uno de los efectos de este intento de mantener los precios del carbón por encima del nivel competitivo del mercado fue acelerar la tendencia de los consumidores a sustituirlo por otras fuentes de energía o calor, tales como el petróleo, el gas natural y la energía hidroeléctrica. En la actualidad, el gobierno intenta imponer una reconversión del consumo energético, sustituyendo el uso del petróleo por el del carbón.

2

Nuestro objetivo, sin embargo, no es el de analizar todas las consecuencias históricamente derivadas de los esfuerzos por salvar determinadas industrias, sino examinar algunos de los principales resultados

---

6. Testimonio de Dan H. Heeler, director de la División de Carbón Bituminoso. Sesiones para la ampliación de la Ley del Carbón Bituminoso de 1937.

que necesariamente deben acompañar a los esfuerzos por salvar una industria en concreto.

Podría argumentarse que, por razones militares, deben crearse o preservarse ciertas industrias. O que una industria determinada se ve perjudicada por cargas fiscales o niveles salariales desproporcionados respecto de los que rigen en otros sectores. O que, al tratarse de una empresa que presta un servicio público, se la obliga a operar con unos precios o tarifas que no le permiten obtener un margen adecuado de beneficios. Aunque todos estos argumentos pueden o no estar justificados en un caso concreto, aquí no son de nuestra incumbencia. Por el momento, sólo nos interesa analizar uno de los argumentos esgrimidos en favor de la salvación de la industria X: el que considera que, de permitirse su reducción o desaparición a causa de las fuerzas de la libre competencia (denominada en tales casos por los portavoces de la industria como *laissez-faire,* anárquica, despiadada, de «el pez grande se come al chico», o competencia propia de la ley de la selva), ello provocará un retroceso en la economía general; y que, si se la sostiene artificialmente, redundará en beneficio del conjunto.

De lo que estamos hablando aquí no es más que de un caso generalizado del argumento a favor de la paridad de precios para los productos agrícolas o de la protección arancelaria a determinado número de industrias X. El argumento contra el aumento artificial de precios es aplicable, por supuesto, no sólo a los productos agrícolas, sino también cualquier otro producto, del mismo modo que las razones expuestas para oponernos a la protección arancelaria de una industria también son válidas para cualquier otra.

Pero siempre existen diversos planes para salvar las industrias X. Además de las propuestas que ya hemos analizado, existen dos tipos principales de este tipo de iniciativas, a las cuales dedicaremos un examen breve. Una consiste en afirmar que la industria X ya está «sobresaturada» y que es necesario impedir que otras empresas o trabajadores se incorporen a ella. La otra asegura que la industria X necesita una subvención directa del gobierno.

Ahora bien, si la industria X está realmente saturada en comparación con otras, no necesitará ninguna legislación coercitiva para impedir la entrada de capital o trabajadores nuevos. El capital no suele dirigirse hacia industrias que se encuentran en claro declive. Los nuevos inversores no buscan con avidez aquellas industrias que presentan los mayores riesgos de pérdida y las menores rentabilidades. Ni los trabajadores, cuando tienen una alternativa mejor, eligen las industrias donde los salarios son más bajos y las perspectivas de empleo estable son menos prometedoras.

Sin embargo, si se impide por la fuerza la entrada de capital y nueva mano de obra a la industria X, ya sea a través de monopolios, consorcios, políticas sindicales o legislación, se priva tanto al capital como al trabajador de la libertad de elección. Se obliga a los inversores a colocar su dinero donde la rentabilidad parece menos prometedora que en la industria X. Se obliga a los trabajadores a emplearse en empresas con salarios y perspectivas inferiores a los que podrían encontrar en la supuestamente enferma industria X. En pocas palabras, implica que tanto el capital como la mano de obra se utilizan con menor eficiencia que si se les hubiera dejado actuar libremente. Implica, en consecuencia, una reducción en la producción que necesariamente se traducirá en un descenso del nivel de vida medio.

Este nivel de vida más bajo se derivará de salarios medios inferiores a los que se habrían registrado de otra manera, de un aumento en el costo de vida, o de una combinación de ambos factores. (El resultado exacto dependerá de la política monetaria correspondiente). Mediante estas políticas restrictivas, los salarios y las rentabilidades del capital podrían, en efecto, mantenerse más elevados en la propia industria X; sin embargo, en otras industrias se situarían por debajo del nivel que habrían alcanzado en otras circunstancias. La industria X se beneficiaría, pero a expensas de las industrias A, B y C.

3

Se obtendrían resultados similares si se intentara salvar la industria X mediante una subvención directa por parte del erario público. Esto no sería más que una transferencia de riqueza o renta a la industria X. Los contribuyentes perderían exactamente lo mismo que ganasen los integrantes de la industria X. La gran ventaja de la subvención, desde el punto de vista del público, es que hace que este hecho resulte claramente perceptible. Hay muchas menos oportunidades para la confusión intelectual que suele acompañar los argumentos a favor de los aranceles, los precios mínimos o la exclusión monopolística.

En el caso de la subvención, es obvio que los contribuyentes deben perder exactamente la misma cantidad que gane la industria X. Del mismo modo, es igualmente evidente que otras industrias deberán perder lo que gane la industria X. Deberán sufragar parte de los impuestos que se utilicen para financiar a la industria X. Y los consumidores, debido a los impuestos que pagan para ayudar a la industria X, dispondrán de menos recursos para adquirir otros productos. Como consecuencia de ello, será necesario que otras industrias se reduzcan para permitir la expansión de la industria X.

Sin embargo, el resultado de esta subvención no consiste meramente en una transferencia de riqueza o de ingresos, ni en que otras industrias se hayan contraído en conjunto en la misma medida en que se ha expandido la industria X. El resultado es también (y aquí es donde la nación, considerada como una unidad, experimenta una pérdida neta) que el capital y la mano de obra son desplazados de las industrias en las que se emplean con mayor eficiencia, para ser desviados hacia una industria en la que se emplean con menor eficiencia. Por tanto, se crea menos riqueza. El nivel de vida medio se ve disminuido en relación con el que habría prevalecido en ausencia de dicha circunstancia.

4

Estos resultados son prácticamente inherentes, de hecho, a los mismos argumentos que suelen esgrimirse para subvencionar la industria X. Si esta industria, según aseguran sus defensores, se está reduciendo o extinguiendo, ¿por qué, cabe preguntarse, debería mantenerse viva mediante respiración artificial? La idea de que una economía en expansión implica que *todas* las industrias deben expandirse simultáneamente es un profundo error. Para que las nuevas industrias puedan desarrollarse con cierta rapidez es necesario permitir que algunas de las industrias más antiguas reduzcan su producción o desaparezcan. Ésta es la única forma de liberar el capital y la mano de obra necesarios para el crecimiento de las nuevas industrias. Si hubiéramos intentado mantener artificialmente el transporte con carros tirados por caballos, habríamos frenado el desarrollo de la industria del automóvil y de todos los negocios derivados. Habríamos reducido la producción de riqueza y frenado el progreso económico y científico.

Sin embargo, incurrimos en la misma práctica cuando tratamos de impedir la desaparición de una industria con el propósito de salvaguardar la mano de obra especializada o el capital previamente invertido en ella. Por paradójico que parezca, tan necesario es para la salud de una economía dinámica permitir que desaparezcan las industrias en declive como facilitar el crecimiento de las florecientes. El primer proceso es esencial para el segundo. Es tan insensato tratar de preservar industrias obsoletas como empeñarse en preservar métodos de producción anticuados; de hecho, son dos formas de describir lo mismo. Si queremos garantizar tanto las antiguas necesidades como los nuevos deseos con productos y recursos de calidad, debemos sustituir constantemente los métodos de producción obsoletos por otros mejorados.

Capítulo 15

Cómo funciona el sistema de precios

El argumento central de este libro puede resumirse de la siguiente forma: al estudiar los efectos de cualquier propuesta económica, deben tenerse en cuenta no sólo los resultados inmediatos, sino también los resultados a largo plazo; no sólo las consecuencias primarias, sino también las secundarias, y no sólo los efectos sobre un grupo específico, sino sobre toda la sociedad. De ello se desprende que es absurdo y capcioso concentrar nuestra atención únicamente sobre un aspecto específico, por ejemplo, analizar lo que sucede en una industria determinada, sin considerar también lo que sucede en las otras. Pero las principales falacias económicas surgen precisamente de la persistente y perezosa tendencia a centrarse en exclusiva en una industria o proceso aislado. Estas falacias impregnan no sólo los argumentos de los portavoces de los intereses particulares, sino también los de algunos economistas que pretenden ser profundos.

En el fondo, la escuela de la «producción para el consumo, no por los beneficios», con sus ataques al supuestamente perverso «sistema de precios», se fundamenta en la falacia de analizar las cosas aisladamente. El problema de la producción, aseguran los partidarios de esta escuela, está resuelto. (Este tremendo error, como veremos, es también el punto de partida de muchos fanáticos de la política monetaria y charlatanes del reparto de la riqueza). Los científicos, expertos en eficiencia, ingenieros, técnicos, etc., lo han resuelto. Podrían producir casi cualquier cosa imaginable en cantidades enormes y prácticamente ilimitadas. Pero, por desgracia, el mundo no está gobernado por los ingenieros, a quienes sólo les preocupa la producción, sino también por los empresarios, que sólo piensan en los beneficios. Los que dan instrucciones a los ingenieros son los empresarios, no al revés. Estos empresarios producirán cualquier cosa, siempre y cuando obtengan algún beneficio; en el instante en que la producción de dicho artículo deje de ser rentable, los empresarios –a menudo tildados de perversos– cesarán su fabricación, aun cuando numerosos deseos queden insatisfechos y el mundo requiera con urgencia más productos.

Son tantas las falacias que encierra esta visión que es imposible desentrañarlas todas de una vez. Ahora bien, el error central, como venimos señalando, proviene de considerar sólo una industria determinada o incluso varias, como si cada una de ellas existiera de forma aislada. De hecho, todas ellas están estrechamente relacionadas, y toda decisión importante que adopte cualquiera de ellas se ve afectada y afecta a las decisiones tomadas por las demás.

Entenderemos mejor todo esto si comprendemos el problema básico que deben resolver colectivamente las empresas. Para simplificarlo lo máximo posible, consideremos el problema al que se enfrenta un Robinson Crusoe en su isla desierta. Al principio, sus necesidades parecen innumerables. Está empapado por la lluvia, tiembla de frío, tiene hambre y sed. Necesita de todo: agua potable, comida, un techo donde guarecerse, protección contra los animales, fuego, un lugar blando donde descansar. Le resulta imposible satisfacer todas estas necesidades de una vez, ya que no dispone de tiempo, energías ni recursos. Debe atender, por el momento, la necesidad más urgente. Lo que más le incomoda es, por ejemplo, la sed. Cava un agujero en la arena para recoger agua de lluvia o construye un recipiente rudimentario. Sin embargo, en cuanto consigue proveerse de una pequeña cantidad de agua, debe dedicarse a buscar alimentos antes de poder mejorar el sistema de recogida de agua. Puede intentar pescar algo, pero para eso necesita un anzuelo y sedal o una red, por lo que debe ponerse a trabajar para crearlos. Pero todo lo que hace, retrasa o le impide hacer otra cosa que es un poco menos urgente. Constantemente se enfrenta al problema de las *distintas* aplicaciones de su tiempo y trabajo.

Una familia de robinsones suizos tal vez encuentre este problema un poco más fácil de resolver. Tiene más bocas que alimentar, pero también más mano de obra disponible. Puede poner en práctica la división y especialización del trabajo. El padre caza, la madre prepara la comida y los hijos recogen leña. Pero ni siquiera esta familia podría permitirse que uno de sus miembros realice indefinidamente la misma tarea, sin considerar la urgencia relativa de la necesidad común que satisface frente a la urgencia de otras necesidades aún insatisfechas. Cuando los hijos han reunido cierta cantidad de leña, no pueden seguir haciendo lo mismo para obtener una pila aún más grande, sino que es el momento de enviar a uno de ellos a buscar, por ejemplo, más agua. Esta familia, por tanto, también se enfrenta al problema de tener que elegir constantemente entre *distintas* aplicaciones del trabajo y, si tienen la suerte de disponer de armas, aparejos de pesca, un bote, hachas, sierras, etc., distintas aplicaciones de trabajo y capital. Sería extremadamente absurdo que el miembro de la familia encargado de recoger leña se quejara de que podrían recoger más leña si su hermano lo ayudara todo el día en lugar de dedicarse a conseguir el pescado que necesitan para la cena familiar. Queda de este modo patente que, tanto en el caso de un individuo como en el de una familia, una ocupación *sólo puede aumentarse a expensas de todas las demás*.

Ejemplos básicos como el anterior suelen ridiculizarse tildándolos de «economía crusoniana». Por desgracia, quienes más los ridiculizan son aquellos que precisamente más los necesitan, quienes no comprenden el principio que se pretende ilustrar, ni siquiera en esta forma simplificada, o quienes pierden por completo de vista ese principio al examinar las desconcertantes complicaciones de la gran sociedad económica moderna.

2

Pasemos a considerar ahora ese tipo de sociedad. ¿Cómo se resuelve el problema de las distintas aplicaciones de trabajo y capital en una sociedad así para satisfacer miles de necesidades y deseos distintos, cada uno de ellos con diferente grado de urgencia? Pues precisamente mediante el sistema de precios, mediante las interrelaciones en constante cambio que se establecen entre los costos de producción, los precios y los beneficios.

Los precios se fijan en función de la relación que existe entre la oferta y la demanda y, a su vez, influyen sobre ambas. Cuando la gente desea más cantidad de un producto determinado, ofrece más por él. El precio sube, incrementando los beneficios de los que lo fabrican. Como ahora es más rentable fabricar ese producto que otros, los que ya lo están fabricando amplían su producción, atrayendo a más personas a su negocio. Este aumento de la oferta reduce el precio y el margen de beneficio, hasta que este vuelve a caer al nivel general de beneficios (considerados los riesgos respectivos) de las otras industrias. O bien, la demanda de ese artículo puede disminuir, o la oferta puede aumentar hasta tal punto que su precio descienda a un nivel en el que su fabricación genere menos beneficios que la de otros artículos, o incluso que genere pérdidas efectivas en su fabricación. En este caso, los productores «marginales», es decir, los menos eficientes o aquellos cuyos costos de producción son más altos, se verán obligados a abandonar el negocio. Sólo seguirán fabricando el producto los empresarios más eficientes, aquellos que operan con los costos de producción más bajos. La oferta de ese producto también disminuirá o, como mínimo, dejará de aumentar.

Este proceso es el origen de la creencia según la cual los precios están determinados por los costos de producción. La doctrina, enunciada de esta forma, no es cierta. Los precios vienen determinados por la oferta y la demanda, y la demanda viene determinada por la intensidad con la que la gente desea determinado producto y por lo que pueden ofrecer a cambio. Según esto, es cierto que la oferta está, en parte, determinada por los costos de producción. Pero lo que *ha* costado producir algo en el pasado no puede determinar su valor actual. Esto dependerá de la relación *actual* entre la oferta y la demanda. Sin embargo, las expectativas de los empresarios acerca de cuánto costará producir una mercancía *en el futuro* y cuál será su precio determinarán la cantidad que será producida finalmente. Y esto afectará a la oferta futura de dicho producto. Existe, por lo tanto, una tendencia constante a que se *iguale* el precio de una mercancía y su coste marginal de producción, pero esto no significa que ese costo determine directamente el precio.

El sistema de empresa privada podría compararse a un engranaje compuesto por millares de máquinas, cada una controlada por su propio regulador automático, pero todas ellas interconectadas e influenciándose mutuamente como si se tratase de una sola máquina. Casi todos hemos visto alguna vez el «regulador» automático de una máquina de vapor. Suele estar compuesto por dos bolas o pesas que funcionan por la fuerza centrífuga. A medida que aumenta la velocidad, las bolas se alejan de la varilla a la que están unidas y, de ese modo, cierran o reducen automáticamente una válvula de estrangulación que regula la entrada de vapor, ralentizando así el motor. Si el motor va demasiado lento, las bolas caen, la válvula se ensancha y aumenta la velocidad del motor. De este modo, cualquier desviación respecto de la velocidad deseada pone en marcha las fuerzas que tienden a corregirla.

Es precisamente de este modo como se determina la oferta relativa de miles de bienes diversos dentro del sistema económico basado en la libre competencia y la iniciativa privada. Cuando la gente desea mayor cantidad de determinado producto, su propia demanda competitiva hace que el precio aumente. Esto incrementa los beneficios de los fabricantes, lo que a su vez los incentiva a aumentar su producción. Esto lleva a algunos a dejar de producir ciertos artículos que fabricaban antes y a dedicarse a elaborar aquel que les ofrece una mejor rentabilidad. Pero esto provoca el aumento de la oferta de ese producto, al mismo tiempo que reduce la de otros. Por consiguiente, el precio de ese producto disminuye en relación con los precios de otros bienes, desapareciendo el estímulo para el aumento relativo de su producción.

Del mismo modo, si disminuye la demanda de algún producto, su precio y el beneficio derivado de su producción disminuyen y, por tanto, su producción se reducirá.

Este último fenómeno escandaliza de manera especial a quienes no comprenden el «sistema de precios» que ellos mismos denuncian. Lo acusan de crear escasez. ¿Por qué, se preguntan indignados, los fabricantes deberían interrumpir la producción de zapatos cuando ya no es rentable producir más? ¿Por qué deberían guiarse exclusivamente por sus propios intereses? ¿Por qué deberían guiarse por las leyes del mercado? ¿Por qué no producen zapatos a «plena capacidad de los procesos técnicos modernos»? El sistema de precios y la empresa privada, concluyen los filósofos de la «producción para el consumo», no son más que otra forma de referirse a la «economía de la escasez».

Todas estas preguntas y conclusiones derivan de la falacia de fijarse únicamente en una industria aislada, de ver el árbol e ignorar el bosque. Hasta cierto punto es necesario producir zapatos. Pero también lo es producir abrigos, camisas, pantalones, viviendas, arados, palas, fábricas, puentes, leche y pan. Sería absurdo seguir acumulando montones de zapatos innecesarios, simplemente porque podemos hacerlo, mientras centenares de otras necesidades más urgentes quedan insatisfechas.

Ahora bien, en una economía equilibrada, una industria determinada *sólo puede ampliarse a expensas de otras industrias.* Porque en cualquier momento dado los diversos factores de producción existentes son limitados. Una industria sólo puede ampliarse *desviando* hacia ella trabajo, tierra y capital que, de otro modo, se emplearían en otras industrias. Y cuando una industria determinada se reduce o deja de ampliar su producción, no significa necesariamente que haya habido una disminución neta en la producción global. La reducción en ese sector puede *liberar* mano de obra y capital para *permitir la expansión de otras industrias.* Por tanto, es erróneo concluir que una contracción de la producción en un sector signifique necesariamente una contracción en la producción *total.*

En suma, toda producción implica necesariamente la renuncia a alguna otra. Los propios costos de producción, de hecho, podrían definirse como aquello a lo que renunciamos (el ocio y los placeres, los recursos básicos con múltiples aplicaciones posibles) para crear lo que se fabrica.

De ello se desprende que, para la salud de una economía dinámica, es tan esencial permitir que las industrias en declive desaparezcan como que las industrias en crecimiento se desarrollen. Porque las industrias en declive retienen mano de obra y capital que deberían transferirse a las industrias en crecimiento. Sólo el vilipendiado sistema de precios puede resolver el problema enormemente complejo de decidir con precisión, entre los miles de bienes y servicios diferentes, qué cantidad y en qué proporción deben producirse. Estas ecuaciones, que de otro modo serían confusas, se resuelven casi automáticamente mediante el sistema de precios, beneficios y costos de producción. Los resuelve incomparablemente mejor que cualquier grupo de funcionarios. Porque se resuelven mediante un sistema en el que cada consumidor formula su propia demanda y emite un nuevo voto, o una docena de nuevos votos, cada día; mientras que los burócratas tratarían de resolverlo elaborando para los consumidores, no lo que ellos realmente desean, sino lo que creen que es mejor para ellos.

Sin embargo, aunque los burócratas no comprenden este sistema casi automático del mercado, siempre parecen estar preocupados por él. Constantemente buscan perfeccionarlo o ajustarlo, por lo general en interés de algún determinado grupo de presión. Algunos de los efectos de su intervención serán analizados en los capítulos siguientes.

Capítulo 16

La «estabilización» de los precios

Los intentos de subir permanentemente los precios de determinados productos por encima de sus niveles naturales del mercado han fracasado con tanta frecuencia, de forma tan desastrosa y de manera tan notoria, que los sofisticados grupos de presión y los burócratas a quienes éstos presionan rara vez declaran abiertamente esa intención. Sus objetivos declarados, sobre todo cuando proponen por primera vez la intervención estatal, suelen ser más modestos y convincentes.

No pretenden, según aseguran, mantener de forma permanente el precio del producto X por encima de su nivel natural, pues, insisten, eso sería injusto para los consumidores. Pero es evidente que dicho artículo se *está* vendiendo muy por *debajo* de su nivel natural. Los fabricantes no pueden ganarse la vida. A menos que actuemos con rapidez, se verán obligados a cerrar su negocio. Entonces se producirá una escasez real y los consumidores tendrán que pagar precios exorbitantes por el artículo en cuestión. Las aparentes ventajas de las que disfrutan ahora los consumidores al final acabarán por resultarles caras, ya que el actual precio bajo «temporal» no puede durar mucho tiempo. Sin embargo, no podemos permitirnos esperar a que las llamadas fuerzas naturales del mercado, o la «ciega» ley de la oferta y la demanda, acudan al rescate, pues para entonces los productores estarán arruinados y nos sobrevendrá una gran escasez. El gobierno debe *actuar*. Lo único que queremos hacer es corregir estas violentas e insensatas fluctuaciones de precios. No queremos *subir* el precio; sólo intentamos *estabilizarlo*.

Existen varios métodos que suelen proponerse para lograr este objetivo. Uno de los más frecuentes son las subvenciones estatales a los agricultores para que mantengan las cosechas lejos del mercado.

Dichos préstamos se promueven en el Congreso por razones que resultan de lo más convincentes a la mayoría de las personas. Se argumenta que las cosechas llegan al mercado todas al mismo tiempo, en la época de la cosecha, que es precisamente cuando los precios son más bajos y cuando los especuladores aprovechan la oportunidad para comprar los productos y almacenarlos para obtener precios más altos cuando los alimentos vuelvan a escasear. De ahí que se alegue que los agricultores resultan perjudicados y que ellos, y no los especuladores, deberían beneficiarse de los precios más altos.

Este argumento no se sustenta ni en la teoría ni en la práctica. Los tan vilipendiados especuladores no son enemigos del agricultor, sino que resultan esenciales para su bienestar. Alguien debe asumir el riesgo derivado de la fluctuación de los precios agrícolas; de hecho, en la época moderna los que han asumido ese riesgo han sido principalmente los especuladores profesionales. En general, cuanto más competentes sean en su propio interés, más ayudan al agricultor. Pues los especuladores sirven a su propio interés precisamente en proporción a su capacidad para prever los precios futuros, por lo que cuanto más precisa sea esa previsión, menos violentas o extremas serán las fluctuaciones de precios.

Por tanto, incluso si los agricultores tuvieran que llevar toda su cosecha de trigo al mercado en un solo mes, el precio de ese mes no sería necesariamente inferior al de cualquier otro (salvo el margen de diferencia producido por el costo de almacenaje). Pues los especuladores, con la esperanza de obtener mayores beneficios, realizarían la mayor parte de sus compras en ese momento. Y seguirían comprando hasta que el precio subiera hasta un punto en que no vieran la posibilidad de obtener beneficios futuros, o empezarían a vender en cuanto consideraran que existe una gran posibilidad de pérdidas futuras. Así es como se consigue la estabilización del precio de los productos agrícolas durante todo el año.

Precisamente porque existe una clase profesional de especuladores que asumen estos riesgos, no tienen que hacerlo los agricultores y harineros, quienes pueden protegerse a través del mercado. Por lo tanto, en condiciones normales, cuando los especuladores hacen bien su trabajo, las ganancias de agricultores y harineros dependerán principalmente de su habilidad y laboriosidad, y no de las fluctuaciones del mercado.

La experiencia demuestra que, por término medio, el precio del trigo y de otros productos no perecederos se mantiene constante durante todo el año, salvo por los ajustes correspondientes a los costos de almacenaje, intereses y seguros. De hecho, algunas investigaciones minuciosas han revelado que el incremento medio mensual posterior a la cosecha no ha sido suficiente para cubrir los mencionados gastos de almacenaje, de modo que los especuladores han terminado, en la práctica, subvencionando a los agricultores. Desde luego, ésta no era su intención; se trata sólo del resultado de una persistente tendencia al exceso de optimismo por parte de los especuladores. (Esta tendencia parece afectar a la mayoría de emprendedores que operan bajo condiciones económicas basadas en la libre competencia: como clase, están constantemente –y de manera involuntaria– subvencionando a los consumidores. Esto es especialmente cierto en los casos donde existen perspectivas de grandes ganancias especulativas. Así como los jugadores de lotería, en conjunto, pierden dinero porque cada uno tiene la infundada esperanza de obtener uno de los escasos premios mayores, asimismo se ha calculado que el valor total del trabajo y del capital invertido en la búsqueda de oro o petróleo ha superado su valor total efectivamente extraído).

El caso es diferente, empero, cuando el Estado interviene y adquiere las cosechas o presta al agricultor el dinero necesario para mantenerlas fuera del mercado. Esto se hace, en determinadas circunstancias, con la intención de disponer de lo que puede llamarse con cierta justificación un «granero siempre normal». Ahora bien, la historia de los precios y de los excedentes anuales de las cosechas muestra, como hemos visto, que esta función ya la desempeñan eficazmente los mercados libres estructurados bajo iniciativa privada. Cuando el Estado interviene, el granero siempre normal se convierte, en realidad, en un granero siempre político. Se anima al agricultor, con el dinero de los contribuyentes, a retener excesivamente sus cosechas. En su afán por asegurarse el voto del campo, los dirigentes que promueven esta política, o los burócratas que la implementan, siempre sitúan el denominado precio justo de los productos agrícolas por encima del que determinarían las condiciones de la oferta y la demanda. Esto provoca un retraimiento de los compradores. Por lo tanto, el granero siempre normal tiende a convertirse en un granero siempre anormal. Existencias excesivas se mantienen fuera del mercado, con la intención de asegurar temporalmente un precio más alto del que hubiera habido en otras circunstancias, pero a expensas de provocar después un precio mucho más bajo. Porque la escasez artificial generada este año al retener parte de la cosecha implica la existencia de un excedente artificial para el siguiente año.

Nos alejaríamos demasiado de nuestro tema si comenzáramos ahora a describir en detalle lo que realmente ocurrió cuando este programa fue aplicado, por ejemplo, al algodón estadounidense.[7] Almacenamos la cosecha de todo un año; destruimos el mercado exterior de nuestro algodón y estimulamos en gran medida el cultivo de este producto en otros países. Aunque estos resultados habían sido previstos

7. No obstante, el programa algodonero resulta especialmente ilustrativo. El 1 de agosto de 1956, el remanente de algodón había alcanzado la cifra récord de 14 529 000 de fardos, volumen superior a una producción o consumo anual normales. Para hacer frente a esta situación, el gobierno procedió a modificar su política, decidiendo adquirir la mayor parte de la cosecha y revenderla de inmediato con un descuento. Con el propósito de restablecer la presencia del algodón estadounidense en el mercado internacional, se creó una subvención para la exportación, inicialmente de 6 centavos por libra, que en 1961 se elevó a 8,5. Esta medida consiguió reducir el excedente de algodón en bruto; sin embargo, además del gravamen impuesto sobre los contribuyentes, situó a la industria textil estadounidense en una clara desventaja competitiva respecto de la industria extranjera, tanto en el mercado interior como en el exterior. En definitiva, el gobierno de Estados Unidos terminó subvencionando a la industria extranjera en detrimento de la propia. Este caso ilustra con claridad cómo los mecanismos gubernamentales de fijación de precios suelen evitar una consecuencia indeseada provocando otra que, con frecuencia, resulta aún más perjudicial.

por aquellos que se oponían a la política de restricción y créditos, cuando realmente se produjeron, los burócratas responsables se limitaron a asegurar que se hubieran producido de todos modos.

La política de subsidios suele ir acompañada, o inevitablemente conduce, a una política restrictiva de la producción, es decir, una política de escasez. En casi todo esfuerzo por «estabilizar» el precio de un producto se priorizan los intereses de los productores. El objetivo real es un aumento inmediato de los precios. Para lograrlo, se suele imponer una restricción proporcional de productividad a todos los fabricantes sujetos a control. Esto tiene varios efectos negativos inmediatos. Suponiendo que el control pudiera imponerse a escala internacional, significaría una reducción de la producción mundial total. Los consumidores de todo el mundo tendrían un menor acceso a ese producto del que habrían disfrutado sin las medidas restrictivas. El mundo se empobrece justamente en esa proporción. Como los consumidores se ven obligados a pagar precios más altos por ese producto, tienen exactamente esa cantidad menos para gastar en otros productos.

2

Los defensores de medidas restrictivas suelen responder que este descenso de la producción se produciría de todos modos en una economía de mercado. Pero hay una diferencia fundamental, como hemos visto en el capítulo anterior. En una economía de mercado marcada por la libre competencia, los productores con mayores costos, los *ineficientes,* son los que quedan relegados por culpa de la caída de los precios. En el caso de un producto agrícola, los expulsados son los agricultores menos competentes, los que tienen peor equipo o los que trabajan la tierra menos fértil. Los agricultores más capacitados con las mejores tierras no tienen por qué restringir su producción. Por el contrario, si la disminución del precio constituye un indicador de una reducción en el costo medio de producción, reflejada en un incremento de la oferta, entonces la retirada de los agricultores marginales de las tierras menos productivas permite que los productores más eficientes, asentados en tierras de mayor calidad, *amplíen* su capacidad de producción. Así que, a la larga, es posible que no haya reducción alguna en la producción de ese producto. Eso sí, el producto será producido y vendido a un precio *permanentemente* más bajo.

Si ésa es la consecuencia, los consumidores de ese producto seguirán tan bien abastecidos como antes. Pero como ahora estarán pagando un precio menor, les sobrará dinero para gastar en otros bienes. Por lo tanto, la situación de los consumidores será considerablemente mejor. Sin embargo, el aumento de su gasto en otros ámbitos generará mayor empleo en otros sectores, los cuales absorberán a los antiguos agricultores marginales en ocupaciones donde sus esfuerzos resultarán más rentables y más eficientes.

Una restricción proporcionalmente uniforme –retomando el tema de la intervención gubernamental– implica, por una parte, que los productores más eficientes y con menores costos no están autorizados a generar la totalidad de la producción que serían capaces de ofrecer a un precio inferior y, de otra, que los productores menos eficientes y con mayores costos de producción son mantenidos de forma artificial en su negocio. Esto incrementa el costo medio de producción del artículo, ya que éste se produce con menor eficiencia que en condiciones normales. Los productores marginales ineficientes, mantenidos artificialmente en un sector de la producción, continúan reteniendo tierra, mano de obra y capital que podrían utilizarse de forma mucho más rentable y eficiente en otras producciones.

Es infundado afirmar que, gracias a las políticas de restricción, los precios de los productos agrícolas hayan aumentado y que, por ello, «los agricultores cuenten ahora con mayor poder adquisitivo». En la medida en que esto fuera cierto, sólo habría sido posible a costa de reducir, en igual proporción, el poder adquisitivo del consumidor urbano. (Ya hemos abordado todo esto antes en nuestro análisis de la paridad de los precios). Otorgar subvenciones a los agricultores para que disminuyan su producción, o compensarlos económicamente por mantenerla restringida de manera artificial, equivale, en gran medida, a imponer a los consumidores o contribuyentes la carga de remunerar a determinadas personas por no realizar actividad alguna. En ambos casos, los beneficiarios de tales políticas obtienen «poder adquisitivo». Pero también en ambos casos, alguien pierde una cantidad exactamente equivalente. La pérdida neta para la comunidad radica en la reducción de la producción, dado que se sostiene económicamente a personas que no generan bienes ni servicios. Como hay menos para todos, porque la cantidad disponible se reduce, los salarios e ingresos reales deben disminuir, ya sea por una caída en su valor monetario o por un aumento en el costo de la vida.

Ahora bien, si se intenta mantener alto el precio de un producto agrícola sin imponer una restricción artificial a su producción, los excedentes no vendidos del producto con un precio recargado continúan acumulándose hasta que finalmente el mercado de ese producto se desploma en mucha mayor medida que si el programa de control nunca se hubiera implementado. O bien, los productores ajenos al plan de restricciones, estimulados por el aumento artificial de los precios, incrementan enormemente su propia producción. Esto es lo que sucedió con los programas de restricción del caucho en Gran Bretaña y del algodón en Estados Unidos. En ambos casos, la caída de los precios alcanzó finalmente niveles catastróficos que jamás se habrían producido de no haberse implementado el plan de restricciones. El plan, que en un principio se emprendió con tanto ímpetu para «estabilizar» los precios y las condiciones genera una inestabilidad de magnitud incomparablemente superior a la que las fuerzas libres del mercado podrían haber ocasionado.

Sin embargo, no dejan de proponerse nuevos controles internacionales de mercancías. *Esta* vez, nos aseguran, se evitarán todos los errores del pasado. Esta vez se fijarán precios «justos» no sólo para los productores, sino también para los consumidores. Las naciones productoras y consumidoras llegarán a un acuerdo sobre cuáles son estos precios justos, ya que ninguna parte actuará de manera irracional. Los precios fijados implicarán necesariamente asignaciones y cupos «justos» para la producción y el consumo entre naciones, y sólo los cínicos osarían anticipar indecorosas disputas internacionales al respecto. Finalmente, gracias al mayor de los milagros, este mundo de controles y coerciones supranacionales se convertirá también en un mundo de «libre» comercio internacional.

No estoy completamente seguro de a qué se refieren los planificadores gubernamentales con libre comercio en este contexto, pero sí podemos estarlo de algunas de las cosas que no quieren decir. No se refieren a la libertad de la gente corriente para comprar y vender, tomar y conceder préstamos, al precio o tipo de interés que prefiera y donde le resulte más rentable. No se refieren a la libertad del ciudadano medio para cultivar la cantidad que desee de un determinado producto, de ir y venir a su antojo, de establecerse donde desee llevando consigo su capital y otras pertenencias. Supongo que se refieren a la libertad de los burócratas para resolver estos asuntos en su lugar, asegurándole que, si obedece dócilmente, será recompensado con un aumento en su nivel de vida. Pero si los planificadores logran vincular la idea de la cooperación internacional con la de un creciente dominio y control del Estado sobre la vida económica, es muy probable que los futuros controles internacionales sigan el modelo aplicado en el pasado, en cuyo caso el nivel de vida del hombre común declinará junto con sus libertades.

Capítulo 17

La regulación gubernamental de los precios

Hemos visto las consecuencias producidas por los esfuerzos gubernamentales por fijar los precios de determinados artículos por *encima* de los niveles a los que hubiese llevado el mercado libre. Analicemos ahora algunos de los resultados de los intentos estatales para mantener los precios de los artículos por *debajo* del nivel natural de mercado.

Esto último lo ponen en práctica hoy en día casi todos los gobiernos en tiempos de guerra. No examinaremos aquí la pertinencia de regular los precios en contextos bélicos. En la guerra total, toda la economía está necesariamente dominada por el Estado, y las complicaciones que habría que considerar nos llevarían demasiado lejos de la cuestión principal que aborda este libro.[8] No obstante, la regulación de los precios, prudente o no, en casi todos los países se prolonga, al menos durante largos períodos, después de terminada la guerra, cuando la excusa original para iniciarla ha desaparecido.

8. Mi propia conclusión, sin embargo, es que, aunque ciertas prioridades, asignaciones o medidas de racionamiento gubernamentales puedan ser inevitables, el control de precios por parte del gobierno probablemente resulte *especialmente* perjudicial en una situación de guerra total. Mientras que la fijación de precios máximos requiere del racionamiento para funcionar, aunque sea de manera temporal, lo contrario no es necesariamente cierto.

Es la inflación en tiempos de guerra la que genera, fundamentalmente, la presión a favor de la regulación de precios. En el momento de redactar estas líneas, cuando prácticamente todas las naciones atraviesan procesos inflacionarios –aunque la mayoría se encuentre en situación de paz–, se sugiere, o se impone, constantemente el control de los precios. Aun cuando tales medidas resultan siempre perjudiciales desde el punto de vista económico –si no abiertamente destructivas–, poseen al menos una ventaja política desde la perspectiva de quienes ocupan el poder: por implicación, trasladan la responsabilidad del incremento de los precios a la supuesta codicia y rapacidad de los empresarios, en lugar de a las políticas monetarias inflacionarias de los propios gobernantes.

Veamos primero qué sucede cuando el Estado intenta mantener artificialmente bajo el precio de uno o de unos pocos bienes, en comparación con el valor que tendrían en un mercado libre.

Cuando el gobierno intenta fijar precios máximos sólo para unos pocos artículos, suele elegir ciertos productos básicos, argumentando que es fundamental que los pobres puedan obtenerlos a un precio «razonable». Supongamos que los productos elegidos para este propósito son el pan, la leche y la carne.

El argumento esgrimido para mantener bajos los precios de estos bienes funciona del siguiente modo: si dejamos la carne a merced del libre mercado, la disputa competitiva hará aumentar su precio, de modo que sólo los ricos podrán permitírsela. La gente obtendrá carne no en proporción a sus necesidades, sino únicamente en proporción a su poder adquisitivo. Si mantenemos bajo el precio, todos recibirán una parte justa.

Lo primero que cabe destacar de este argumento es que, si fuera válido, la política adoptada resultaría inconsistente y tímida. Porque si el poder adquisitivo, y no la necesidad, determina la distribución de la carne a un precio de mercado de 2,25 dólares la libra, también lo determinaría, aunque quizás en menor medida, al precio legal máximo de 1,50 dólares la libra. De hecho, el argumento según el cual la distribución depende del poder adquisitivo y no de la necesidad se mantiene válido mientras se cobre cualquier precio, por mínimo que sea, por la carne.

Los planes para fijar precios máximos suelen iniciarse como intentos de «evitar el aumento del coste de la vida», y en ello sus promotores asumen, de manera inconsciente, que el precio determinado por el mercado en el momento de su intervención posee un carácter especialmente «normal» o sacrosanto. El precio inicial o anterior se considera «razonable», y cualquier otro por encima de ése, «no razonable», con independencia de los cambios en las condiciones de producción o demanda que se han producido desde que fuera establecido inicialmente.

2

Al discutir este tema, no tiene sentido asumir un control de precios que los fijase exactamente donde los situaría en cualquier caso el mercado libre. Eso equivaldría a no tener ningún tipo de control de precios. Debemos presuponer que el poder adquisitivo de la gente es mayor que la oferta de bienes disponibles, y que el Estado mantiene los precios por *debajo* de los niveles que alcanzaría en el mercado libre.

Ahora bien, no podemos mantener el precio de ningún producto por debajo de su nivel de mercado sin que, con el tiempo, se produzcan dos consecuencias. En primer lugar, un aumento de la demanda del artículo regulado. Debido a que el bien es más barato, las personas se sienten tentadas a comprarlo más y, además, pueden permitirse hacerlo. En segundo lugar, una reducción de la oferta de ese producto. Como la gente lo compra más, las existencias acumuladas se agotan más rápidamente en los comercios. Pero, además, la producción decae. Los márgenes de beneficios se reducen o desaparecen, con lo que los productores marginales se ven obligados a bajar la persiana. Incluso los más eficientes pueden verse obligados a fabricar su producto con pérdidas. Esto fue lo que ocurrió durante la Segunda Guerra Mundial, cuando la Oficina de Administración de Precios obligó a los mataderos a sacrificar y elaborar la carne por menos de lo que les costaba el ganado y la mano de obra necesaria para su sacrificio y manipulación.

Si no hiciéramos nada más, por tanto, la consecuencia de fijar un precio máximo a un artículo determinado sería provocar una escasez de ese producto. Pero eso es justo lo contrario de lo que los reguladores gubernamentales pretendían originalmente, ya que son justo los productos objeto de regulación los que más desean mantener en abundante disponibilidad. Sin embargo, cuando limitan los salarios y beneficios de los productores, sin hacer lo mismo con los de quienes producen artículos de lujo o semilujo, desalientan la producción de artículos de primera necesidad regulados, al tiempo que estimulan la producción de bienes menos esenciales.

Con el tiempo, algunas de estas consecuencias resultan evidentes para los reguladores, quienes entonces deciden adoptar otros mecanismos y controles para intentar evitarlas. Entre estos mecanismos se encuentran el racionamiento, el control de costos, los subsidios y la fijación general de precios. Analicemos cada uno de ellos por separado.

Cuando es evidente que se está produciendo una escasez de cualquier producto como resultado de la fijación de su precio por debajo del de mercado, se acusa a los consumidores ricos de adquirir «más de lo que les corresponde», o, si se trata de una materia prima indispensable para un proceso de producción, se culpa a las empresas implicadas de «acaparar». El gobierno adopta entonces un conjunto de normas que determinan quién tendrá prioridad en la compra de ese producto, a quién y en qué cantidades se le asignará, o cómo será racionada. Si se adopta el sistema de racionamiento, significa que cada consumidor sólo puede disponer de un suministro máximo determinado, sin importar cuánto esté dispuesto a pagar por una cantidad mayor.

En resumidas cuentas, si se adopta un sistema de racionamiento, significa que el gobierno instaura un doble sistema de precios, o un doble sistema monetario, en el que cada consumidor debe poseer una cierta cantidad de cupones o «puntos», además de una determinada cantidad de dinero contante y sonante. En otras palabras, el gobierno intenta hacer mediante el racionamiento parte de la función que en un mercado libre se habría hecho a través de los precios. Digo sólo parte, porque el racionamiento simplemente limita la demanda, sin estimular también la oferta, como hubiera ocurrido con un precio más elevado.

El gobierno puede tratar de garantizar el suministro ampliando su control sobre los costos de producción de un artículo. Para mantener bajo el precio minorista de la carne, por ejemplo, puede fijar el precio al por mayor, el precio en matadero, el del ganado vivo, el del pienso, además de los salarios de los peones agrícolas. Para controlar el precio de la leche, puede intentar fijar los salarios de los repartidores, el precio de los envases, el de la leche en las granjas y el de los piensos. Para fijar el precio del pan, puede regular los salarios en las panaderías, el precio de la harina, los beneficios de los harineros, el precio del trigo y un largo etcétera.

Sin embargo, a medida que el gobierno amplía retrospectivamente este control de precios, amplía al mismo tiempo las consecuencias que en un principio lo llevaron a adoptar tal medida. Suponiendo que tenga el coraje necesario para fijar esos costos y sea capaz de hacer cumplir sus decisiones, lo único que consigue realmente es provocar escasez en los diversos factores –mano de obra, piensos, trigo, etc.– que intervienen en la producción del artículo en cuestión. Así, el gobierno se ve obligado a aplicar controles en círculos cada vez más amplios, y la consecuencia final será la misma que la de la fijación general de precios.

El gobierno puede intentar solucionar esta dificultad mediante subsidios. Reconoce, por ejemplo, que cuando mantiene el precio de la leche o la mantequilla por debajo del nivel del mercado, o por debajo del nivel relativo en que fija otros precios, puede producirse una escasez debido a salarios o márgenes de beneficios inferiores en la producción de leche o mantequilla, comparados con otros productos. Por tanto, el gobierno intenta compensar los efectos pagando un subsidio a los productores de leche y mantequilla. Dejando de lado las dificultades administrativas que esto implica, y suponiendo que el subsidio sea suficiente para asegurar la producción relativa deseada de leche y mantequilla, es evidente que, aunque el subsidio es pagado a los productores, quienes realmente lo reciben son los consumidores. Porque, en conjunto, los productores no están recibiendo más por su leche y mantequilla de lo que habrían obtenido si se les hubiese permitido cobrar el precio de libre mercado desde un principio; pero los consumidores están obteniendo su leche y mantequilla a un precio muy inferior al del mercado libre. Están siendo subsidiados en la medida de esa diferencia, es decir, por el importe del subsidio que, al menos en apariencia, se paga a los productores.

Ahora bien, a menos que el producto subvencionado también esté racionado, quienes puedan adquirirlo en mayor cantidad serán aquellos con un mayor poder adquisitivo. Esto significa que estos últimos están recibiendo mayores subsidios que aquellos con menor poder adquisitivo. Quién subvenciona a los consumidores dependerá de cómo recaiga la carga impositiva. Sin embargo, los individuos, en su condición de contribuyentes, estarán subvencionándose a sí mismos en su condición de consumidores. En este laberinto, resulta algo difícil determinar con precisión quién subvenciona a quién. Se pasa por alto el hecho de que los subsidios son financiados por alguien, y que aún no se ha descubierto método alguno mediante el cual una comunidad pueda obtener algo sin ofrecer nada a cambio.

3

La regulación de los precios a veces puede parecer que tiene éxito durante un corto período de tiempo. Puede dar la impresión de que funciona bien durante un tiempo, especialmente en contextos bélicos, cuando se ve reforzada por el patriotismo y la crisis económica. Sin embargo, cuanto más se prolonga, más aumentan sus dificultades. Cuando los precios se mantienen arbitrariamente bajos por imposición gubernamental, la demanda excede *crónicamente* a la oferta. Hemos visto que si el Estado intenta evitar la escasez de un producto concreto reduciendo también los precios de la mano de obra, las materias primas y otros factores que influyen en su costo de producción, provoca a su vez una escasez de todos ellos. No obstante, si persiste en esta vía, no sólo se verá obligado a ampliar progresivamente el control de precios de manera «vertical», sino que también resultará necesario implementarlo de forma «horizontal». Si racionamos un producto y el público no puede obtener suficiente cantidad, aunque disponga de poder adquisitivo, recurrirá a algún sustitutivo. En otras palabras, el racionamiento de todo producto que escasea incrementará de manera progresiva la presión sobre los productos no racionados que aún están disponibles. Si suponemos que el gobierno tiene éxito en su lucha por erradicar los mercados negros (o al menos impide que se desarrollen en escala suficiente para anular los precios legales), la persistencia en el control de precios debe llevarle al racionamiento de cada vez más productos. Sin embargo, el racionamiento no se detiene en los consumidores. En la Segunda Guerra Mundial no lo hizo. De hecho, se aplicó primero en la distribución de materias primas a los productores.

La consecuencia inevitable de un control de precios amplio y exhaustivo, destinado a mantener artificialmente un nivel histórico de precios, es que termina por conducir a una economía completamente planificada. Los salarios tendrían que mantenerse bajos tan rígidamente como los precios. La mano de obra tendría que racionarse tan implacablemente como las materias primas. El resultado final sería que el gobierno no sólo indicaría a cada consumidor la cantidad exacta de cada producto que podría obtener, sino que también determinaría para cada fabricante la cantidad precisa de materias primas y de mano de obra que le sería asignada. La licitación competitiva por los trabajadores no podría tolerarse más que la licitación competitiva por los materiales. Todo lo cual derivaría en una economía totalitaria petrificada, con todas las empresas y todos los trabajadores a merced del Estado, y la pérdida definitiva de todas las libertades tradicionales que conocemos. Como señaló Alexander Hamilton en las páginas del *El federalista* hace casi dos siglos: «el dominio sobre la subsistencia del hombre equivale al dominio sobre su voluntad».

4

Éstas son las consecuencias de lo que podría denominarse control de precios «perfecto», prolongado y «apolítico». Como ha quedado ampliamente demostrado en un país tras otro –particularmente en Europa, durante y después de la Segunda Guerra Mundial–, algunos de los errores más absurdos de los burócratas quedaron mitigados por el mercado negro. En algunos países, éste siguió creciendo a expensas del mercado de precios fijos legalmente reconocidos, hasta que el primero se convirtió, de hecho, en *el* mercado. Sin embargo, al mantener nominalmente los topes de precios, los gobiernos trataron de demostrar que sus intenciones, ya que no la de sus equipos de inspectores, eran las adecuadas.

No debe suponerse, sin embargo, que el hecho de que el mercado negro acabara por sustituir al mercado sometido a precios máximos legales signifique que no se haya causado perjuicio alguno. El daño fue tanto económico como moral. Durante el período de transición, las grandes empresas con una larga trayectoria, una fuerte inversión de capital y altamente dependientes del mantenimiento de su prestigio público, se ven obligadas a restringir o interrumpir la producción. Su lugar es ocupado por empresas de poca fiabilidad, con escaso capital y menos experiencia en la producción. Estas nuevas empresas son ineficientes en comparación con aquellas a las que desplazan; producen bienes fraudulentos y de inferior calidad a costos mucho mayores de los que las empresas anteriores hubieran requerido para seguir con su producción. De este modo, la deshonestidad llega a ser recompensada. Las nuevas empresas deben su propia existencia o crecimiento al hecho de que están dispuestas a infringir la ley; sus clientes conspiran con ellas y, como consecuencia natural, la desmoralización se extiende a todas las prácticas comerciales.

Además, rara vez las autoridades encargadas de fijar los precios llevan a cabo algún esfuerzo honesto simplemente para preservar el nivel de precios existente cuando empezara la intervención. Declaran que su intención es «mantener el equilibrio». Sin embargo, muy pronto, con el pretexto de «corregir desigualdades» o «injusticias sociales», inician una fijación de precios discriminatoria que sólo beneficia a los grupos políticamente poderosos en detrimento de otros.

Dado que, hoy en día, el poder político depende principalmente de los votos, los grupos que las autoridades intentan favorecer más son los obreros y los agricultores. En primer lugar, se sostiene que los salarios y el costo de la vida no están relacionados, y que los salarios pueden aumentarse sin que ello implique un aumento de los precios. Cuando se hace evidente que los salarios sólo pueden aumentarse a expensas de las ganancias, los burócratas comienzan a argumentar que los beneficios ya eran demasiado altos y que un aumento de los salarios sin la correspondiente subida de los precios todavía permitirá «una ganancia justa». Como no existe una *tasa* de beneficios uniforme, ya que la ganancia difiere de una empresa a otra, esta política comporta que se termine expulsando del mercado a las empresas menos rentables y se desaliente o interrumpa la producción de determinados artículos. Esto se traduce en desempleo, descenso de la producción y deterioro del nivel de vida.

5

¿Cuál es el criterio tras el intento de fijar unos precios máximos? Para empezar, la falta absoluta de comprensión respecto a lo que ha provocado la subida de precios. La verdadera causa es o bien la escasez de bienes o bien el exceso de dinero. Los precios topes legales no sirven para solventar ninguna de las dos cosas. De hecho, como acabamos de ver, sólo sirven para intensificar la escasez de productos. La cuestión de qué hacer con el excedente de dinero se tratará en un capítulo posterior. Sin embargo, uno de los errores que subyacen al impulso de establecer precios constituye el objeto principal de estudio de este libro. Así como los interminables planes para subir los precios de determinados bienes favorecidos son el resultado de pensar tan sólo en los intereses de los productores directamente afectados y olvidar los intereses de los consumidores, los planes para mantener bajos los precios mediante disposiciones legales son el resultado de fijarse sólo en los intereses a corto plazo de las personas como consumidores y olvidar sus intereses como productores. Y el apoyo político a tales políticas surge de una confusión similar en la opinión pública. La gente no quiere pagar más por la leche, la mantequilla, los zapatos, los muebles, el alquiler, las entradas de teatro ni los diamantes. Cada vez que alguno de estos artículos sube por encima de su nivel anterior, el consumidor se indigna y cree que lo están estafando.

La única excepción es el artículo que cada uno produce: en ese caso, comprende y aprecia la razón tras el aumento del precio. Pero siempre tenderá a considerar su propio negocio como una excepción. «Mi propio negocio –dirá– es peculiar, y el público no lo entiende. Los costos laborales han subido; el precio de las materias primas también ha aumentado, esta o aquella materia prima ya no se importa y debe fabricarse a un costo mayor en nuestro país. Además, la demanda del producto ha aumentado, y debería permitirse que la empresa fijara los precios necesarios para impulsar su expansión y satisfacer esta demanda». Y así sucesivamente. Todo individuo, en su condición de consumidor, adquiere cien productos diferentes; en cambio, como productor, generalmente se dedica a fabricar tan sólo uno, y es, por tanto, más consciente de la injusticia que supone mantener bajo el precio de *ese* producto. Y así como cada fabricante desea un precio más alto para su producto, cada trabajador quiere un salario más elevado. Todo el mundo, como fabricante, puede ver que el control de precios está restringiendo la producción en su sector. Pero casi todos se niegan a generalizar esta observación, pues significaría que tendrían que pagar más por los productos de *los demás*.

Cada uno de nosotros, en resumen, tiene una personalidad económica múltiple, pues es al mismo tiempo productor, contribuyente y consumidor. La política que defendamos dependerá de la postura particular que adoptemos en cada momento. Pues todos somos a veces el Dr. Jekyll y a veces Mr. Hyde. Como productores, deseamos la inflación (pensando principalmente en nuestros propios servicios o productos); como consumidores, deseamos la limitación de los precios (pensando principalmente en lo que tenemos que pagar por los productos ajenos). Como consumidores, podemos abogar por los subsidios o aceptarlos; como contribuyentes, lamentamos tener que pagarlos. Todos tendemos a pensar que podemos gestionar de tal manera las fuerzas políticas que nos beneficiemos de un aumento del precio de nuestro propio producto (mientras que sus costos de materias primas se mantienen legalmente bajos) y, al mismo tiempo, beneficiarnos como consumidores del control de precios. Ahora bien, la abrumadora mayoría de la gente se engaña a sí misma. Porque no sólo debe existir al menos tanta pérdida como ganancia derivada de esta manipulación política de los precios; debe haber con mucha mayor frecuencia más pérdidas que beneficios, dado que la fijación de los precios desalienta y desorganiza tanto el empleo como la producción.

Capítulo 18

¿Cuáles son las consecuencias de la regulación del alquiler?

El control gubernamental de los alquileres de casas y apartamentos constituye una forma particular de control de precios. Aunque la mayoría de sus consecuencias son, esencialmente, las mismas que las del control general de los precios, algunas merecen una consideración especial.

A veces el control del precio de los alquileres forma parte del control general de los precios, pero con mayor frecuencia se decreta mediante una normativa específica. Una circunstancia donde esto suele ser frecuente es al comienzo de una guerra. Un destacamento militar se instala en una pequeña localidad, las casas de hospedaje aumentan las tarifas de sus habitaciones y los propietarios de apartamentos y casas elevan los alquileres correspondientes. Esto provoca una gran indignación pública. O bien, en ciertas ciudades, algunas viviendas son destruidas por los bombardeos, mientras que la demanda de armamento u otros suministros desvía materiales y mano de obra del sector de la construcción.

El control de los alquileres se impone inicialmente con el argumento de que la oferta de viviendas no es «elástica», es decir, que la escasez de viviendas no puede compensarse de inmediato, por mucho que se permita que los alquileres aumenten. Por consiguiente, se sostiene que el gobierno, al prohibir el aumento de los precios de los alquileres, en realidad está protegiendo a los inquilinos de la extorsión y explotación sin causar perjuicio alguno a los propietarios y sin desalentar la construcción de nuevas viviendas.

Este argumento es deficiente, incluso si se admite la hipótesis de que el control de los alquileres no habrá de prolongarse demasiado en el tiempo, pues omite una consecuencia inmediata. Si a los propietarios se les permite fijar un precio por los alquileres que refleje la inflación monetaria y las condiciones reales impuestas por la ley de la oferta y la demanda, los inquilinos tenderán a utilizar menos espacio, permitiendo que otros compartan los alojamientos que escasean. La misma cantidad de viviendas dará cobijo a más personas, hasta que se alivie la escasez.

Sin embargo, el control del precio de los alquileres fomenta un uso ineficiente del espacio, pues discrimina a favor de quienes ya ocupan casas o apartamentos en una determinada ciudad o región, en detrimento de quienes viven fuera de ésta. Permitir que el precio de los alquileres se ajuste al nivel del libre mercado otorga a todos los inquilinos o potenciales inquilinos igualdad de oportunidades para competir por el espacio. En condiciones de inflación monetaria o escasez real de vivienda, los alquileres aumentarían con la misma seguridad incluso si a los arrendadores no se les permitiera fijar un precio de solicitud, sino únicamente aceptar las ofertas más altas y competitivas de los inquilinos.

Los efectos del control de los alquileres empeoran cuanto más se prolonga en el tiempo. No se construyen nuevas viviendas porque no hay incentivos para hacerlo. Con el aumento de los costos de construcción (generalmente como consecuencia de la inflación), el antiguo nivel de alquileres no generará beneficios. Si, como suele ocurrir, el gobierno por último reconoce esto y exime a las viviendas nuevas del control de los alquileres, aún no existiría un incentivo para construir tanto como si los antiguos edificios también estuvieran exentos de dicho control. Dependiendo del grado de depreciación monetaria desde que se congelaron legalmente los antiguos alquileres, los alquileres de las viviendas nuevas podrían ser hasta veinte veces más altos que los de un espacio equivalente en los edificios antiguos. (Esto es lo que ocurrió, por ejemplo, en Francia después de la Segunda Guerra Mundial). En tales condiciones, los inquilinos actuales de los edificios antiguos se muestran reacios a mudarse, sin importar cuánto crezcan sus familias o se deterioren sus viviendas actuales.

Debido a los bajos alquileres regulados en los edificios antiguos, los inquilinos que ya residen en ellos, y que están legalmente protegidos frente a futuros incrementos del precio del alquiler, se ven incentivados a hacer un uso ineficiente del espacio, con independencia de si sus familias son ahora más pequeñas o no. Esto concentra la presión inmediata de la nueva demanda en los relativamente escasos edificios de nueva construcción, lo que suele provocar, al principio, que los alquileres de estas viviendas alcancen un nivel más alto del que habrían alcanzado en un mercado completamente libre.

Sin embargo, esto no fomentará en la misma medida la construcción de nuevas viviendas. Los constructores o propietarios de edificios de apartamentos ya existentes, al obtener menos beneficios o quizás incluso sufrir pérdidas en sus antiguos apartamentos, dispondrán de escaso o nulo capital para destinar a nuevas construcciones. Además, es posible que estos propietarios, u otros inversores con capital procedente de otras fuentes, teman que el gobierno encuentre en cualquier momento la menor excusa para imponer controles sobre el alquiler incluso en las nuevas edificaciones. Algo que sucede más a menudo de lo que parece.

La situación de la vivienda también terminará deteriorándose de otras maneras. Lo más importante es que, a menos que se permita el necesario aumento de los alquileres, los propietarios no se molestarán en remodelar los apartamentos ni en realizar otras mejoras en ellos. De hecho, cuando la regulación del precio del alquiler es especialmente poco realista u opresiva, los propietarios ni siquiera mantendrán las casas o apartamentos alquilados en un estado aceptable. El problema no será tanto que no tengan ningún incentivo económico para hacerlo, sino que ni siquiera dispondrán del capital necesario para ello. La normativa reguladora de los alquileres, entre sus múltiples efectos, fomenta el descontento entre los propietarios –forzados a conformarse con rendimientos mínimos o incluso con pérdidas– y los inquilinos, que reprochan a éstos la ausencia de mantenimiento y mejoras adecuadas.

Una de las medidas a las que suelen recurrir los gobiernos en tales circunstancias –impulsados por presiones políticas o por concepciones económicas erróneas– consiste en suprimir el control de los alquileres en los llamados apartamentos «de lujo», manteniéndolo, no obstante, sobre las viviendas de nivel medio o bajo. El argumento habitual es que los inquilinos acomodados pueden afrontar rentas más elevadas, mientras que los de menores recursos no.

Sin embargo, a largo plazo, el efecto de este mecanismo discriminatorio resulta exactamente opuesto al que persiguen sus promotores. Los constructores y propietarios de apartamentos de lujo se ven estimulados y recompensados, mientras que aquellos dedicados a la edificación de viviendas de alquiler bajo, precisamente las más necesarias, se ven desalentados y castigados. Los primeros conservan plena libertad para obtener los beneficios que les permitan las condiciones del mercado; los segundos, en cambio, quedan sin incentivos –e incluso sin capital– para construir nuevas viviendas de bajo costo.

Esto da lugar a un incentivo comparativamente mayor para la reparación y remodelación de apartamentos de lujo, así como la tendencia para que las nuevas construcciones privadas se concentren en este sector de mercado. Pero no hay incentivo alguno para la construcción de nuevas viviendas para personas con ingresos bajos, ni para mantener en buen estado las ya existentes. Por consiguiente, las viviendas destinadas a los grupos de bajos ingresos se deteriorarán en calidad y no verán aumentada su cantidad. Allí donde la población esté aumentando, el deterioro y la escasez de viviendas para personas con bajos ingresos empeorará cada vez más. Se podría llegar a una situación en la que numerosos propietarios no sólo dejen de obtener beneficios, sino que se vean enfrentados a pérdidas crecientes e inevitables, hasta el extremo de que les resulte imposible ceder sus propiedades, llegando incluso a abandonarlas y desaparecer para evitar las cargas impositivas. Cuando los propietarios dejan de suministrar calefacción y otros servicios básicos a sus inquilinos, éstos se ven obligados a abandonar sus apartamentos. Barrios cada vez más extensos se convierten en zonas marginales. En los últimos años, en la ciudad de Nueva York se ha vuelto común observar manzanas enteras de apartamentos abandonados, con ventanas rotas o tapiadas para evitar nuevos destrozos por parte de vándalos. Los incendios intencionados se han vuelto cada vez más frecuentes, y los propietarios suelen figurar entre los principales sospechosos.

Otra consecuencia es la merma de los ingresos municipales, dado que la base gravable del valor inmobiliario continúa reduciéndose, lo que conduce a la quiebra de las ciudades o a su incapacidad para mantener la prestación de los servicios públicos esenciales.

Cuando estas consecuencias se hacen tan evidentes que resultan innegables, los responsables de imponer el control de los alquileres, por supuesto, no reconocen su error; por el contrario, atribuyen la culpa al sistema capitalista, alegando que la empresa privada ha vuelto a «fracasar» y que «no es competente en esta materia». En consecuencia, sostienen que el Estado debe intervenir y asumir directamente la construcción de viviendas de alquiler bajo.

Ésta ha sido la situación predominante en todos los países que participaron en la Segunda Guerra Mundial o que implementaron el control de alquileres con el fin de contrarrestar la inflación monetaria.

De modo que el gobierno emprende un gigantesco programa de vivienda, financiado con cargo a los contribuyentes. Las viviendas se alquilan a un precio que no cubre los costos de construcción y funcionamiento. Lo habitual es que el gobierno pague subvenciones anuales, ya sea directamente a los inquilinos en forma de alquileres más bajos o, de manera indirecta, a los constructores o gestores de las viviendas estatales. Independientemente del acuerdo nominal, los inquilinos de estos edificios reciben una subvención indirecta por parte del resto de la población, ya que se les paga una parte de su alquiler. Por tanto, son objeto de un trato preferente, cuyas implicaciones políticas resultan suficientemente evidentes como para no requerir mayor explicación. De esta forma se está gestando un grupo de presión que considera que los contribuyentes le deben estas subvenciones por derecho. Con ello se da otro paso, casi irreversible, hacia el estado de bienestar total.

Otra de las ironías de la regulación de los alquileres es que cuanto menos realista es, cuanto más draconiana e injusta, más intensos se vuelven los argumentos políticos en favor de su mantenimiento. Si los alquileres regulados por ley son, de promedio, un 95 % más altos de lo que serían en un contexto marcado por el mercado libre, y sólo se causa una injusticia mínima a los propietarios, no existe una fuerte oposición política para la eliminación de los controles sobre el precio de los alquileres, ya que los inquilinos sólo tendrían que afrontar un aumento medio de alrededor del 5 %. Ahora bien, si la inflación monetaria ha sido tan importante, o la normativa reguladora del alquiler tan represiva y poco realista, que los alquileres fijados por ley son solamente el 10 % de lo que serían en el mercado libre, y se está cometiendo una grave injusticia con los propietarios y arrendadores, se levantará una gran protesta por los terribles males que supondría eliminar los controles y obligar a los inquilinos a pagar un alquiler asequible. Se argumenta que sería indescriptiblemente cruel e irrazonable pedir a los inquilinos que asuman un aumento tan considerable y repentino. Incluso los detractores del control de los alquileres se ven entonces obligados a admitir que la eliminación de este tipo de regulación debe ser un proceso muy cauteloso, gradual y prolongado. De hecho, son pocos los detractores del intervencionismo estatal con el coraje político y la visión económica necesarios para reclamar siquiera una desregulación gradual. En pocas palabras, cuanto menos realista y más injusto es el control del alquiler, más difícil resulta eliminarlo políticamente. Son muchos los países en los que se ha mantenido un ruinoso control de los alquileres años después de renunciar a otras formas de control de precios.

Las excusas políticas esgrimidas para el mantenimiento del control de los alquileres carecen de toda credibilidad. Según la ley, en ocasiones pueden eliminarse los controles cuando la «tasa de desocupación» supera una determinada cifra. Sin embargo, los funcionarios encargados de mantener dicho control siguen asegurando triunfalmente que la tasa en cuestión aún no ha alcanzado esa cifra. Por supuesto que no. El simple hecho de que los precios de los alquileres regulados se mantengan tan por debajo de los de mercado aumenta artificialmente la demanda de viviendas de alquiler, al tiempo que desalienta cualquier incremento de la oferta disponible. Por tanto, cuanto más bajos y desproporcionados sean los topes de alquiler, más se agudizará la «escasez» de viviendas o apartamentos en arrendamiento.

La injusticia impuesta a los propietarios es flagrante. Volvemos a repetir: se ven obligados a subvencionar los alquileres que pagan sus inquilinos, a menudo a costa de grandes pérdidas netas para ellos mismos. Con frecuencia, los inquilinos subvencionados son más ricos que el arrendador, quien se ve obligado a cargar con una porción de lo que sería el alquiler a precio de mercado. Los políticos ignoran esto. Empresarios de otros sectores, que apoyan la imposición o el mantenimiento del control de alquileres porque se compadecen de los inquilinos, no llegan al punto de sugerir que ellos también deban asumir parte de ese subsidio mediante impuestos. Toda la carga recae sobre el reducido grupo de personas suficientemente «malvadas» como para atreverse a construir o ser propietarias de viviendas de alquiler.

Pocas palabras conllevan mayor descrédito público que la de propietario de tugurios. ¿Y qué es eso exactamente? No es un hombre que posee propiedades caras en barrios de moda, sino uno que sólo es dueño de propiedades deterioradas en los barrios bajos, donde los alquileres son los más bajos y donde el pago es más lento, errático e inestable. No es fácil imaginar por qué (salvo por maldad natural) un hombre que pudiera permitirse poseer viviendas de alquiler decentes decidiría, en cambio, convertirse en un propietario de tugurios.

Cuando se imponen controles de precios poco razonables a artículos de consumo inmediato, como el pan, por ejemplo, los panaderos pueden simplemente negarse a seguir haciendo y vendiendo pan. La escasez se hace evidente de inmediato, y los políticos se ven obligados a elevar los topes máximos o a derogarlos. Sin embargo, la vivienda es un bien muy duradero.

Puede que los inquilinos tarden varios años en notar la disuasión tanto para la construcción de nuevas viviendas como para el mantenimiento y reparación de las existentes. Y puede que tarden aún más tiempo en darse cuenta de que la escasez y el deterioro de la vivienda son directamente atribuibles al control de los alquileres. Mientras tanto, mientras los propietarios obtengan algún ingreso neto por encima de sus obligaciones tributarias e intereses hipotecarios, parece que no les queda más alternativa que seguir manteniendo y alquilando su propiedad. Los políticos, recordando que los inquilinos tienen más votos que los arrendatarios, mantienen cínicamente el control de los alquileres mucho después de haberse visto obligados a renunciar al control general de los precios.

Retomemos el hilo principal de nuestra lección. La demanda por la imposición de controles de alquiler surge de aquellos que sólo se fijan en los hipotéticos beneficios a corto plazo de la medida para un segmento específico de la población. Sin embargo, cuando consideramos los efectos a *largo plazo* para *todo el mundo,* incluidos los propios inquilinos, nos damos cuenta de que el control de los alquileres no sólo resulta cada vez más inútil, sino también más destructivo cuanto más estricto es y cuanto más tiempo permanece en vigor.

Capítulo 19

Las leyes del salario mínimo

Hemos analizado anteriormente algunos de los resultados perjudiciales producidos por los esfuerzos arbitrarios del gobierno para aumentar el precio de determinados artículos protegidos. El mismo tipo de resultados perniciosos se producen al tratar de incrementar los sueldos mediante las leyes del salario mínimo. Esto no debería sorprender a nadie, pues un salario es en realidad un precio. Resulta desafortunado para la claridad del pensamiento económico que el precio de los servicios laborales haya recibido un nombre completamente diferente al de los otros precios. Esto ha impedido que la mayoría de la gente entienda que ambos están regidos por los mismos principios.

El tema de los salarios se ha vuelto tan emocional y políticamente sesgado que, en la mayoría de los debates al respecto, se tienden a ignorar los principios más elementales. Aquellas personas que son las más propensas a negar que la prosperidad se alcance mediante el alza artificial de los precios, y las primeras en indicar que las leyes de precios mínimos pueden perjudicar a las industrias beneficiarias, son, paradójicamente, las que defienden las leyes de salario mínimo y condenan a sus detractores con gran virulencia.

No obstante, es imperativo reconocer que una ley de salario mínimo es, en el mejor de los casos, una herramienta ineficaz para mitigar el perjuicio de los salarios reducidos. El beneficio potencial de tales leyes sólo superará el posible daño en la medida en que sus objetivos se mantengan modestos.

Cuanto más ambiciosa sea la ley, cuanto mayor sea el número de trabajadores que pretenda abarcar y cuanto más intente incrementar sus salarios, más probable será que sus efectos perjudiciales superen cualquier posible efecto beneficioso.

La consecuencia inmediata de aprobar una ley que fija, por ejemplo, un mínimo de 106 dólares por una semana laboral de cuarenta horas supone que ninguna persona cuyo trabajo no sea valorado en esa cantidad por un empleador volverá a ser contratada. El valor de un trabajador no puede incrementarse por el simple hecho de que se declare ilegal ofrecerle una cantidad menor por su trabajo. Lo único que se consigue es privarle del derecho a ganar aquello que sus habilidades y su situación le permitirían, al tiempo que se priva a la comunidad de los modestos servicios que es capaz de prestar. En resumidas cuentas, se sustituye un salario bajo por el desempleo. Se causa un perjuicio general, sin ninguna compensación equivalente.

La única excepción a esto se da cuando un grupo de trabajadores recibe un salario realmente inferior a su valor de mercado. Esto puede ocurrir sólo en circunstancias o lugares excepcionales donde las fuerzas de la competencia no operan con libertad o de manera adecuada; pero casi todos estos casos especiales podrían solventarse de manera igual de eficaz, más flexible y con menor daño potencial, mediante la participación de los sindicatos.

Se podría pensar que si la ley obliga a pagar un salario más alto en un sector determinado, ese sector puede entonces incrementar los precios de sus productos, de modo que la carga se traslade a los consumidores. Sin embargo, este tipo de transferencias no son fáciles de realizar, ni las consecuencias del aumento artificial de los salarios son fáciles de eludir. Es posible que no se pueda aumentar el precio del producto, ya que esto llevaría a los consumidores a adquirir productos importados equivalentes o algún sustitutivo. O bien, si siguen adquiriendo el producto, la subida de precios hará que compren menos cantidad. En consecuencia, aunque ciertos empleados de la industria se beneficien del incremento salarial, otros perderán su puesto de trabajo. Además, si el precio de venta del producto permanece invariable, los fabricantes con menor margen se verán obligados al cierre, provocando igualmente una disminución de la producción y el correspondiente desempleo.

Cuando se alude a estas consecuencias, siempre hay quienes responden: «Perfecto; si para salvar la industria X tienen que pagarse salarios de miseria, entonces lo mejor es que el salario mínimo la haga desaparecer de una vez por todas». No obstante, esta valiente afirmación omite ciertas realidades. Para empezar, no tiene en cuenta que los consumidores sufrirán la pérdida del producto. También olvida que está condenando al desempleo a las personas que trabajaban en esa industria. Y, por último, ignora que, por bajos que fueran los salarios que pagaba la industria X, eran los mejores entre todas las alternativas que se ofrecían a los trabajadores de dicha industria; de lo contrario, éstos se habrían ido a otra. Por lo tanto, si la industria X cierra por culpa de una ley de salarios mínimos, sus antiguos trabajadores se verán obligados a aceptar empleos que antes les parecían menos atractivos. La competencia por los puestos de trabajo hará descender los salarios incluso en estas industrias alternativas. No hay forma de eludir la conclusión de que el salario mínimo aumentará el desempleo.

2

Además, los programas de asistencia diseñados para hacer frente al desempleo provocado por la ley del salario mínimo crean un problema interesante. Mediante el establecimiento de un salario mínimo de, por ejemplo, 2,65 dólares la hora, se prohíbe que una persona trabaje cuarenta horas semanales por una remuneración inferior a 106 dólares. Supongamos ahora que se ofrecen 70 dólares a la semana en concepto de asistencia. Esto significa que hemos prohibido que una persona tenga una ocupación productiva ganando, por ejemplo, 90 dólares a la semana, para poder mantenerlo en la ociosidad a cambio de 70. Hemos privado a la sociedad del valor de sus servicios. Hemos privado al individuo en cuestión de la independencia y el respeto por sí mismo derivado de la autosuficiencia económica, incluso a un nivel bajo, y de realizar un trabajo de su agrado, al mismo tiempo que reducimos lo que podría haber ganado por su propio esfuerzo.

Estas consecuencias se producirán siempre que el pago asistencial sea inferior en un centavo a los 106 dólares. Sin embargo, cuanto más elevado sea éste, peor será la situación en otros aspectos. Si ofrecemos un subsidio de 106 dólares, estaremos dándole a muchos hombres lo mismo por no trabajar que por trabajar. En definitiva, cualquiera que sea la cantidad del subsidio, se fomenta una situación en la que todo el mundo acaba trabajando sólo por la *diferencia* entre su salario y el importe de la ayuda. Si la ayuda es de 106 dólares semanales, a los trabajadores a los que se les ofrece un salario de 2,75 dólares la hora, o 110 dólares semanales, se les pide que trabajen por sólo 4 dólares semanales, ya que pueden obtener el resto sin hacer nada.

Se podría pensar que podemos escapar a estas consecuencias ofreciendo una ayuda por trabajar en lugar de hacerlo a cambio de mantenerse ociosos, pero lo único que conseguiríamos con eso es cambiar la naturaleza de las consecuencias. La asistencia en forma de trabajo significa pagar a los beneficiarios más de lo que el mercado libre les hubiera ofrecido por el mismo trabajo. Por tanto, sólo una parte del salario de ayuda deriva de su esfuerzo, mientras que el resto es un subsidio encubierto.

Cabe señalar que el trabajo artificial creado por el Estado es necesariamente ineficaz y de utilidad cuestionable. El gobierno tiene que inventar proyectos que den empleo a los trabajadores menos cualificados. No puede ponerse a enseñarles carpintería, albañilería y otras profesiones similares por temor a entrar en competencia con otros trabajadores especializados y despertar la animadversión de los sindicatos. No me gusta demasiado, pero probablemente sería menos perjudicial en general si el gobierno optara por subvencionar abiertamente los salarios de los trabajadores precarios en las labores que ya están realizando. No obstante, esto generaría otras complicaciones de índole política.

Para evitar extender este asunto a cuestiones que por ahora no nos interesan, baste señalar la importancia de tener presentes las dificultades y consecuencias de los subsidios en el momento de considerar la promulgación de nuevas leyes de salario mínimo o el incremento de los topes ya establecidos.[9]

Antes de terminar con el tema, debería mencionar otro argumento que a veces se esgrime en defensa de la fijación del salario mínimo por ley. Dicho argumento sostiene que en una industria dominada por una única gran empresa (un monopolio), ésta podría, al no temer a la competencia, ofrecer salarios por debajo del nivel de mercado. Sin embargo, ésta es una situación altamente improbable. Una empresa con tal posición de «monopolio» debe ofrecer inicialmente salarios elevados para atraer mano de obra de otros sectores. Teóricamente, podría después abstenerse de aumentar los salarios al mismo ritmo que otras industrias, pagando así salarios «de calidad inferior» para determinados puestos especializados. No obstante, esto sólo ocurriría si dicha industria o empresa estuviera en declive o enfrentara dificultades. Si fuera próspera o estuviera en expansión, se vería obligada a mantener salarios altos para poder incrementar su fuerza laboral.

Sabemos por experiencia que las grandes empresas, ésas a las que más a menudo se las acusa de comportamientos monopolistas, son las que pagan los salarios más altos y ofrecen las condiciones de tra-

9. En 1938, cuando el salario medio por hora que se pagaba en todas las fábricas de Estados Unidos era de unos 63 centavos, el Congreso fijó un mínimo legal de sólo 25 centavos. En 1945, cuando el salario medio en las fábricas había aumentado a 1,02 dólares por hora, el Congreso elevó el mínimo legal a 1,10 dólares. En 1949, cuando el salario medio en las fábricas había aumentado a 1,40 dólares por hora, el Congreso volvió a elevar el mínimo a 75 centavos. En 1955, cuando el promedio había aumentado a 1,88 dólares, el Congreso elevó el mínimo a 1 dólar. En 1961, con el salario medio en las fábricas en torno a los 2,30 dólares por hora, el mínimo se elevó a 1,15 dólares en 1961 y a 1,25 dólares en 1963. Para equilibrar las cuentas, el salario mínimo se elevó a 1,40 dólares en 1967, a 1,60 dólares en 1968, a 2 dólares en 1974, a 2,10 dólares en 1975 y a 2,30 dólares en 1976 (cuando el salario medio en todos los trabajos privados no agrícolas era de 4,87 dólares). Luego, en 1977, cuando el salario medio real por hora en los trabajos no agrícolas era de 5,26 dólares, el salario mínimo se elevó a 2,65 dólares por hora, con la previsión de aumentarlo aún más en cada uno de los tres años siguientes. Así, a medida que el salario por hora vigente aumenta, los defensores del salario mínimo deciden que el mínimo legal debe incrementarse al menos en la misma proporción. Aunque la legislación reproduce el aumento del salario vigente en el mercado, se sigue alimentando el mito de que es la legislación del salario mínimo la responsable de elevar el salario de mercado.

bajo más atractivas. Por regla general, las pequeñas empresas marginales, tal vez producto de la competencia excesiva, son las que ofrecen los salarios más bajos. Ahora bien, todos los empleadores deben pagar lo suficiente para retener a sus trabajadores o atraer los de otras empresas.

3

Todo esto no quiere decir que no haya forma de elevar los salarios. Simplemente tratamos de señalar que el método aparentemente sencillo de aumentarlos mediante decretos gubernamentales es el peor camino y el más equivocado.

Parece éste un buen momento para señalar que lo que distingue a muchos reformadores de aquellos que rechazan sus propuestas no es la mayor filantropía de aquellos, sino su mayor impaciencia. La cuestión no es si deseamos el mayor nivel de bienestar para todo el mundo. Entre personas de buena voluntad, tal objetivo se da por sentado. La verdadera cuestión se refiere a los medios adecuados para lograrlo. Y al intentar responder a esto, no debemos perder nunca de vista algunas verdades elementales. No podemos distribuir más riqueza de la que se crea. A la larga, no es posible pagar al conjunto de la mano de obra más de lo que produce.

Por consiguiente, la mejor manera de aumentar los salarios es incrementar la productividad marginal del trabajo. Esto se puede lograr de muchas maneras: mediante una mayor acumulación de capital, es decir, mediante un aumento de las máquinas que ayudan al trabajador en sus quehaceres; por nuevos inventos y mejoras técnicas; mediante una gestión más eficaz por parte de los empresarios; por una mayor laboriosidad y eficiencia por parte de los trabajadores; mediante una mejor educación y formación. Cuanto más produce cada trabajador individual, más aumenta la riqueza de toda la comunidad. Cuanto más produce, tanto más valiosos son sus servicios para los consumidores y, por lo tanto, también para los empresarios. Y cuanto más valioso sea para el empresario, mejor le pagará éste. Los salarios reales se originan en la producción, no en los decretos gubernamentales.

Por tanto, la política gubernamental no debería estar dirigida a imponer requisitos más onerosos a los empleadores, sino a seguir políticas que fomenten los beneficios, que animen a los empleadores a expandirse, a invertir en máquinas más modernas y mejores para aumentar la productividad de los trabajadores; en resumen, a fomentar la acumulación de capital, en lugar de desalentarla, y a aumentar tanto el empleo como los salarios.

Capítulo 20

¿Los sindicatos aumentan realmente los salarios?

La idea de que los sindicatos pueden elevar de manera sustancial y permanente los salarios reales de toda la población trabajadora constituye uno de los grandes engaños de nuestra época. Este error se debe, fundamentalmente, a la falta de comprensión de que los salarios están intrínsecamente determinados por la productividad del trabajo. Por ello, los salarios en Estados Unidos fueron considerablemente más altos que en Inglaterra y Alemania durante las décadas en que el «movimiento obrero» de estos dos últimos países se encontraba en un estado mucho más desarrollado.

Pese a la abrumadora evidencia de que la productividad del trabajo constituye el factor esencial en la determinación de los salarios, esta conclusión suele ser ignorada o desdeñada tanto por los dirigentes sindicales como por ese nutrido grupo de economistas que, en su afán por ganarse una reputación de «liberales», se limitan a repetir sus afirmaciones como loros. Sin embargo, esta conclusión no se fundamenta, como ellos suponen, en la idea de que los empresarios sean, por lo general, individuos benevolentes y generosos, dispuestos a «hacer lo correcto». Por el contrario, se apoya en el supuesto muy distinto de que el empresario busca maximizar sus beneficios. Si los trabajadores aceptan una retribución inferior a la que estiman merecer, ¿por qué no habría de aprovechar al máximo esa circunstancia el empresario? ¿Por qué no habría de preferir, por ejemplo, obtener un dólar a la semana gracias a un obrero, antes que permitir que otro empresario gane dos dólares semanales con él? Mientras esta situación persista, existirá una tendencia natural entre los empresarios a competir por los trabajadores hasta alcanzar el pleno valor económico de su trabajo.

Esto no significa que los sindicatos no puedan cumplir una función útil o legítima. Su papel principal puede consistir en mejorar las condiciones laborales en el ámbito local y en asegurar que todos sus miembros reciban el auténtico valor de mercado por sus servicios.

Puesto que la competencia entre los trabajadores por los empleos, y entre los empresarios por la mano de obra, no funciona de manera óptima. Es poco probable que ni trabajadores ni empresarios posean un conocimiento completo de las condiciones del mercado laboral. Un trabajador aislado puede desconocer el verdadero valor de mercado que sus servicios tienen para el empresario. Además, puede encontrarse en una posición débil a la hora de negociar. Y, por regla general, sus errores de juicio le suelen salir mucho más caros que a un empresario. Si un empleador comete un error y decide no contratar a un trabajador cuyos servicios le habrían sido útiles, sólo pierde el beneficio neto que podría haber obtenido de su empleo, y además cuenta con cientos o incluso miles de otros trabajadores entre los que elegir. En cambio, si un trabajador rechaza un empleo por error, confiando en que podrá encontrar otro con mayor remuneración, el costo de la equivocación puede ser considerable, ya que pone en riesgo su único medio de subsistencia. No sólo podría no hallar rápidamente otro trabajo mejor remunerado, sino que incluso podría pasar un tiempo sin conseguir ningún empleo, aunque este ofreciera condiciones inferiores a las del anterior. Y el factor tiempo puede convertirse en el núcleo del problema, ya que él y su familia necesitan alimentarse. En consecuencia, podría verse obligado a aceptar un salario que considera inferior al «valor real» de sus servicios, con tal de evitar exponerse a estos riesgos. Sin embargo, cuando todos los trabajadores de una empresa negocian colectivamente con el empresario y establecen un «salario base» para todas las clases de actividad, pueden contribuir a equilibrar el poder de negociación y a reducir los riesgos derivados de posibles errores.

No obstante, la experiencia demuestra que los sindicatos tienden a exceder sus funciones legítimas, especialmente cuando gozan del respaldo de una legislación laboral sesgada que impone obligaciones únicamente a los empleadores, lo que los conduce a actuar de manera irresponsable y a implementar políticas cortoplacistas y antisociales. Actúan de este modo, por ejemplo, cada vez que pretenden elevar los salarios de sus miembros por encima de su valor real de mercado. Tal intento siempre provoca paro. De hecho, en la mayoría de los casos sólo se consigue imponer mediante algún tipo de intimidación o coacción.

Una forma de hacerlo consiste en restringir la afiliación al sindicato basándose en criterios distintos a la destreza o habilidad profesional demostradas. Dicha restricción puede manifestarse de múltiples maneras: exigir a los nuevos trabajadores cuotas de ingreso excesivas; establecer criterios de afiliación arbitrarios; aplicar discriminaciones, ya sean explícitas o encubiertas, por motivos de religión, raza o sexo; imponer límites al número de miembros o declarar boicots, recurriendo a la fuerza si fuese necesario, no sólo contra los productos elaborados por trabajadores no sindicados, sino incluso contra aquellos fabricados por obreros pertenecientes a sindicatos de otros estados o ciudades.

El caso más evidente de empleo de la intimidación y la fuerza para elevar o mantener los salarios de los miembros de un sindicato por encima del valor real de mercado es la huelga. Una huelga pacífica es factible y, en tanto se mantenga dentro de ese marco, constituye un instrumento laboral legítimo. No obstante, debe considerarse como una medida excepcional, reservada para situaciones extremas y utilizada únicamente como último recurso. Si un grupo de trabajadores interrumpe sus obligaciones laborales, podría persuadir a un empresario obstinado que los ha estado remunerando por debajo de lo debido, haciéndole ver que no conseguirá reemplazarlos por otros igualmente capacitados y dispuestos a aceptar el salario que ellos han rechazado. Ahora bien, cuando los trabajadores recurren a la intimidación o a la violencia para imponer sus demandas, o emplean piquetes para impedir que los antiguos empleados continúen en sus puestos o que el empresario contrate nuevos trabajadores permanentes en su lugar, su causa adquiere un carácter cuestionable. Esto se debe a que los piquetes no actúan directamente contra el empresario, sino contra los otros trabajadores que están dispuestos a ocupar los puestos vacantes y aceptar los salarios que los huelguistas han rechazado. Esto evidencia que las alternativas disponibles para estos nuevos trabajadores no resultaban tan atractivas como las que los empleados en huelga han rechazado. Por lo tanto, si los antiguos empleados logran, mediante la fuerza, impedir que los nuevos trabajadores ocupen sus puestos, en realidad les están negando la posibilidad de elegir la mejor alternativa y los obligan a aceptar una opción menos favorable. Por consiguiente, los huelguistas reclaman una posición de privilegio y recurren a la fuerza para preservar dicho privilegio frente a los demás trabajadores.

Si el análisis anterior es correcto, el odio indiscriminado hacia el «esquirol» no parece justificado. Si el esquirol se limita a ser un agitador profesional que amenaza con recurrir a la violencia, o si es alguien incapaz de cumplir realmente con el trabajo, o bien si recibe un salario temporalmente superior tan sólo para simular que continúa trabajando y así forzar a los huelguistas a retomar su actividad con la remuneración anterior, entonces cierto rechazo hacia él podría considerarse justificado. Pero si se trata simplemente de hombres y mujeres que buscan un empleo permanente y están dispuestos a aceptarlo con el antiguo salario, entonces son trabajadores a los que se les obliga a aceptar trabajos peores para que los trabajadores en huelga disfruten de otros mejores. Y esta posición de privilegio de los antiguos empleados solo podría sostenerse, en realidad, mediante la amenaza constante del uso de la violencia.

2

La economía emocional ha dado lugar a teorías que un examen sereno no puede justificar. Una de ellas es la idea según la cual el trabajo está *por lo general* «mal pagado». Esto sería comparable a sostener que, en un mercado libre, los precios son, por regla general, crónicamente demasiado bajos. Otra teoría curiosa, aunque persistente, sostiene que los intereses de todos los trabajadores de una nación son idénticos y que un aumento salarial concedido a los miembros de un determinado sindicato puede, por algún mecanismo poco claro, contribuir a elevar también los salarios del resto de los trabajadores. Esta idea no sólo carece de fundamento, sino que, en realidad, cuando un sindicato consigue imponer por la fuerza a favor de sus miembros un salario muy por encima del valor real de mercado de sus servicios, termina perjudicando tanto al resto de los trabajadores como al conjunto de la comunidad.

Para comprender con mayor claridad cómo sucede esto, imaginemos una comunidad cuyas cifras se presenten de forma muy simplificada. Supongamos que dicha comunidad cuenta únicamente con media docena de grupos de trabajadores, y que todos ellos son, en un principio, equivalentes tanto en los salarios que perciben en conjunto como en el valor de mercado de los bienes que producen.

Supongamos que estos seis grupos de trabajadores están formados por (1) jornaleros agrícolas, (2) dependientes de comercios, (3) obreros textiles, (4) mineros del carbón, (5) trabajadores de la construcción y (6) empleados ferroviarios. Sus salarios, fijados sin ningún tipo de coacción, no son necesariamente iguales; pero sean cuales sean, asignemos a cada uno de ellos un índice original de 100 como base. Supongamos ahora que cada grupo forma un sindicato nacional capaz de imponer sus demandas, en proporción no sólo a su productividad económica, sino también a su poder político y su posición estratégica. Imaginemos que los jornaleros agrícolas no logran ningún aumento de sus salarios, que los dependientes obtienen un aumento del 10 %, los obreros textiles del 20 %, los mineros del carbón del 30 %, los trabajadores de la construcción del 40 % y los empleados ferroviarios del 50 %.

Según estos supuestos, resulta que se ha producido un incremento *medio* en los salarios del 25 %. Ahora supongamos, siguiendo con la simplicidad aritmética, que el precio del producto que fabrica cada grupo de trabajadores aumenta en la misma proporción que los respectivos salarios. (Por varias razones, entre ellas el hecho de que los costos laborales no son los únicos costes, el precio no aumentará exactamente así, al menos no en un período corto de tiempo. Pero las cifras servirán, no obstante, para ilustrar el principio básico mencionado).

Tendremos entonces una situación en la que el costo de vida ha aumentado, en promedio, un 25 %. Los jornaleros agrícolas, aunque sus salarios se hayan mantenido estables, habrán visto reducido su poder adquisitivo. Los dependientes de comercio, pese a haber obtenido un aumento del 10 %, estarán en peor situación que antes de iniciarse la competencia salarial. Incluso los obreros del sector textil, con un incremento del 20 %, se encontrarán en desventaja respecto a su situación anterior. Los mineros, con un aumento del 30 %, apenas habrán logrado una leve mejora en su poder de compra. Y los trabajadores de la construcción y del ferrocarril, aunque sí habrán obtenido una ganancia, ésta será mucho menor en la práctica de lo que aparenta ser en cifras nominales.

No obstante, incluso estos cálculos parten del supuesto de que el aumento forzoso de los salarios no ha generado desempleo. Tal situación sólo sería posible si dicho incremento salarial estuviera acompañado por un aumento equivalente en la cantidad de dinero y del crédito bancario. Aun así, resulta poco probable que semejantes distorsiones en los niveles salariales puedan aplicarse sin originar focos de desempleo, especialmente en aquellos sectores donde los salarios hayan subido con mayor fuerza. En ausencia de la correspondiente inflación monetaria, los incrementos salariales impuestos por la fuerza conducirán inevitablemente a un paro generalizado.

El desempleo no tiene por qué ser, en términos porcentuales, más elevado entre los sindicatos cuyos salarios hayan aumentado en mayor medida, ya que éste tenderá a desplazarse y distribuirse según la elasticidad relativa de la demanda de las distintas clases de trabajo, así como dependiendo del carácter «conjunto» de la demanda de muchos tipos de empleo.

No obstante, incluso concediendo todo esto, es probable que incluso los grupos cuyos salarios aumentaron más se encuentren en una situación peor que antes, si se considera la proporción entre desempleados y trabajadores aún activos. En términos de *bienestar,* la pérdida será evidentemente mucho mayor que lo que reflejan las cifras, pues los perjuicios psicológicos de los desempleados superan con creces las ganancias que puedan experimentar aquellos que perciben ingresos apenas superiores en poder adquisitivo.

Tampoco puede rectificarse la situación concediendo subsidios de desempleo. En primer lugar, estas ayudas se pagan en gran parte, directa o indirectamente, con los salarios de quienes trabajan. Por lo tanto, reducen dichos salarios. Además, como ya hemos visto, las ayudas «adecuadas» *generan* desempleo. Esto se produce de varias maneras. En el pasado, cuando los poderosos sindicatos asumían la responsabilidad de mantener a sus miembros empleados, reflexionaban cuidadosamente antes de exigir aumentos salariales que pudieran generar un elevado desempleo entre sus afiliados. Sin embargo, cuando existe un sistema de subsidios en el que es el contribuyente quien asume el costo del paro ocasionado por unos salarios excesivos, desaparece la cautela, y los sindicatos se sienten libres de presentar demandas desmedidas. Además, como hemos señalado anteriormente, una ayuda «adecuada» puede llevar a que muchos dejen de buscar empleo y que otros perciban que, en realidad, se les solicita trabajar no por el salario ofrecido, sino únicamente por la *diferencia* entre dicho salario y la prestación recibida. Y un alto nivel de desempleo significa que se producen menos bienes, que la nación se empobrece y que hay una menor cantidad de artículos para todos.

Los defensores del sindicalismo como solución universal a menudo proponen otra respuesta al problema que acabamos de exponer. Admiten que, actualmente, los miembros de los sindicatos poderosos pueden estar explotando, entre otros, a los trabajadores no sindicados; sin embargo, aseguran que la solución es simple: sindicar a todos los trabajadores. Sin embargo, la cosa no es tan sencilla como parece. En primer lugar, a pesar de las enormes presiones legales y políticas –en algunos casos incluso podría hablarse de coacción– para la sindicación, previstas por la Ley Wagner-Taft-Hartley y otras disposiciones, no es casual que apenas alrededor de una cuarta parte de los trabajadores asalariados de Estados Unidos formen parte de un sindicato. Las condiciones propicias para la sindicación son mucho más complejas de lo que generalmente se cree. Pero incluso si se lograra la sindicación universal, los sindicatos no podrían ser todos igualmente poderosos, más de lo que lo son hoy en día. Algunos grupos de trabajadores ocupan una posición estratégica bastante superior a la de otros, ya sea por su mayor número, por la importancia crítica del producto que elaboran, por la dependencia que otras industrias tienen de su sector, o por su mayor capacidad para emplear métodos coercitivos. Pero imaginemos que esto no fuera así. Supongamos, a pesar de la contradicción interna de la hipótesis, que todos los trabajadores pudieran aumentar sus salarios mediante métodos coercitivos en igual porcentaje. A la larga, nadie estaría en mejor situación que si los salarios no se hubieran aumentado en absoluto.

3

Esto nos lleva al meollo de la cuestión. Por lo general, se asume que un aumento salarial se obtiene a expensas de los beneficios empresariales. Ciertamente, esto puede ocurrir durante períodos breves o bajo circunstancias especiales. Si los salarios se incrementan en una empresa concreta que compite con otras y no puede trasladar dicho aumento a los precios, entonces el incremento salarial deberá sufragarse a partir de los beneficios. No obstante, esto es menos probable que ocurra si el aumento salarial afecta a toda una industria. Si la industria no se enfrenta a la competencia extranjera, podría ser capaz de elevar sus precios y trasladar el incremento salarial a los consumidores. Dado que la mayoría de los consumidores son trabajadores, éstos verán reducido su salario real al verse obligados a pagar más por un producto determinado. Es cierto que, como consecuencia del aumento de los precios, las ventas de esa industria podrían disminuir, reduciendo así su volumen de beneficios; pero también es probable que el número de empleados y la masa salarial total del sector se reduzcan en una proporción similar.

Sin duda, puede imaginarse un caso en el que los beneficios de toda una industria se reduzcan sin que ello implique una disminución correspondiente en el número de empleados; es decir, una situación en la que el aumento de los salarios se traduzca en un incremento proporcional de la masa salarial total, y en la que el costo adicional sea absorbido íntegramente por los beneficios del sector, sin que ninguna empresa se vea obligada a cerrar. Aunque este resultado no es probable, sí puede considerarse posible en teoría.

Supongamos, por ejemplo, una industria como la ferroviaria, que no siempre puede trasladar el aumento de los salarios al público mediante tarifas más elevadas, debido a las restricciones impuestas por la regulación gubernamental.

Es muy posible que los sindicatos obtengan beneficios a corto plazo a costa de empresarios e inversores. Estos últimos, que en su momento disponían de fondos líquidos, los han invertido, por ejemplo, en el negocio ferroviario, transformándolos en vías, coches cama, vagones de carga y locomotoras. Antes, su capital podía haberse invertido de mil formas distintas, pero hoy en día está *atrapado,* por así decir, en un negocio concreto. Los sindicatos ferroviarios pueden obligarles a aceptar dividendos menores sobre este capital ya invertido. A los inversores les resultará rentable seguir operando el ferrocarril siempre que puedan obtener cualquier beneficio, por mínimo que éste sea, por encima de los gastos de explotación, incluso si representa apenas una décima parte de un 1 % de su inversión.

Sin embargo, todo esto tiene una consecuencia inevitable: si el capital invertido en los ferrocarriles produce un rendimiento inferior al que podría obtenerse en otros sectores, los inversores dejarán de destinar nuevos fondos a esta industria. Es posible que continúen reemplazando algunos de los elementos que primero se desgastan, con el fin de proteger el modesto rendimiento de su capital restante; pero, con el tiempo, ni siquiera se molestarán en sustituir los componentes obsoletos o deteriorados. Si el capital invertido en el país les ofrece menores beneficios que el que podrían obtener en el extranjero, dirigirán sus inversiones fuera de las fronteras nacionales. Y si en ningún lugar logran un rendimiento que compense adecuadamente los riesgos, acabarán por dejar de invertir por completo.

Por lo tanto, la explotación del capital por parte del trabajo sólo puede ser, en el mejor de los casos, una situación temporal. Su fin llegará pronto, y no tanto del modo descrito en nuestro ejemplo hipotético, sino más bien a través del cierre de las empresas marginales, el aumento del desempleo y el reajuste forzoso de salarios y beneficios, hasta que la expectativa de obtener ganancias normales –o incluso anormales– vuelva a impulsar la reactivación del empleo y de la producción. Pero, mientras tanto, como resultado de la explotación del capital, el desempleo y la reducción de la producción habrán provocado un empobrecimiento general. Aunque, durante un tiempo, el sector laboral pueda obtener una proporción mayor del ingreso nacional, dicho ingreso disminuirá en términos absolutos; de modo que las aparentes ganancias relativas del trabajo en esos breves períodos suponen una victoria pírrica, pues significarán que, en realidad, también los asalariados perciben un total menor en términos de poder adquisitivo real.

4

En conclusión, aunque los sindicatos pueden lograr temporalmente un aumento salarial para sus miembros –en parte a costa de los empresarios, pero sobre todo de los trabajadores no sindicados–, *a largo plazo no consiguen elevar los salarios reales en conjunto ni mejorar la situación global de los trabajadores.*

La creencia opuesta se sostiene en una serie de ilusiones. Una de ellas es la falacia *post hoc ergo propter hoc,* que atribuye la notable alza de los salarios en el último medio siglo –resultado principalmente del crecimiento de la inversión de capital y del progreso científico y tecnológico– a la acción de los sindicatos, simplemente porque éstos también se expandieron durante ese mismo período. Pero el error que más contribuye a esa ilusión consiste en considerar tan sólo lo que un aumento salarial, logrado mediante las exigencias sindicales, significa a corto plazo para los trabajadores que conservan su empleo, sin analizar los efectos de dicho aumento sobre el empleo, la producción y el costo de vida de todos los trabajadores, incluidos aquellos que impulsaron la subida.

Podemos ir aún más lejos y preguntarnos si, a largo plazo y para el conjunto de los trabajadores, los sindicatos no han terminado por obstaculizar que los salarios reales crecieran tanto como habrían podido hacerlo. En efecto, han actuado como una fuerza que tiende a frenar o incluso a reducir los salarios cuando, en conjunto, su influencia ha disminuido la productividad del trabajo; y no está de más preguntarse si no ha sido precisamente ése el resultado.

En lo que respecta a la productividad, hay que reconocer que las políticas sindicales tienen aspectos positivos. En algunos sectores, han defendido normativas para aumentar el nivel de cualificación y competencia profesional. Y en sus inicios realizaron una gran labor para proteger la salud de sus miembros. En los lugares donde la mano de obra era abundante, los empresarios solían obtener beneficios a corto plazo al exigir un ritmo más intenso de trabajo y jornadas más largas, aun a costa de dañar la salud de los trabajadores, ya que podían reemplazarlos fácilmente por otros. Y a veces, empresarios ignorantes o cortos de miras redujeron sus propios beneficios al sobrecargar de trabajo a sus empleados. En todos estos casos, los sindicatos, al reclamar condiciones laborales dignas, a menudo ayudaron a mejorar la salud y el bienestar general de sus afiliados, al tiempo que aumentaron sus salarios reales.

Sin embargo, en los últimos años, a medida que su poder ha ido aumentando y que una mal orientada simpatía pública ha tendido a tolerar o incluso respaldar prácticas de carácter antisocial, los sindicatos han sobrepasado los límites de sus objetivos legítimos. Reducir la semana laboral de setenta a sesenta horas fue un avance no sólo para la salud y el bienestar, sino también, a largo plazo, para la producción. Reducirla de sesenta a cuarenta y ocho horas supuso una mejora para la salud y el tiempo libre. Pero reducirla de cuarenta y ocho a cuarenta y cuatro horas representó un beneficio en términos de ocio, aunque no necesariamente para la producción ni para los ingresos. El beneficio para la salud y el tiempo libre de reducir la semana laboral a cuarenta horas es mucho menor, mientras que la disminución de la producción y los ingresos se hace más evidente. Sin embargo, en la actualidad los sindicatos propugnan –y en ocasiones imponen– semanas de treinta y cinco o treinta horas, negando que tales reducciones puedan afectar la producción o los ingresos.

No obstante, no es únicamente en la reducción de la jornada laboral donde la política sindical ha impactado de manera negativa en la productividad. De hecho, ésta constituye una de las formas menos nocivas de su intervención, dado que al menos conlleva una compensación claramente perceptible. Ahora bien, numerosos sindicatos han insistido en imponer rígidas subdivisiones del trabajo, lo que ha incrementado los costos de producción y ha provocado disputas «jurisdiccionales» costosas y, en ocasiones, absurdas. También se han opuesto a sistemas de remuneración basados en la productividad o la eficiencia, defendiendo que todos sus miembros reciban el mismo salario por hora, sin tener en cuenta las diferencias individuales de rendimiento. Han insistido en el ascenso por antigüedad y no por méritos. Han promovido deliberadas ralentizaciones en el trabajo con el pretexto de combatir las «aceleraciones». Han denunciado, exigido el despido e, incluso, llegado a golpear cruelmente a los trabajadores que producían más que sus compañeros. Se han opuesto a la introducción o mejora de la maquinaria. Han sostenido que, si alguno de sus miembros ha sido despedido debido a la instalación de maquinaria más eficiente o que ahorra mano de obra, los trabajadores afectados deben recibir un «ingreso garantizado» de forma indefinida. Han impuesto normas de «trabajo inventado» con el objeto de exigir la presencia de más personal o más tiempo para realizar una tarea determinada. Incluso han insistido, con la amenaza de arruinar a los empresarios, en la contratación de trabajadores que no eran necesarios en absoluto.

La mayoría de estas políticas se basan en la suposición de que sólo existe una cantidad fija de trabajo que realizar, un determinado «fondo laboral» que debe repartirse entre el mayor número de personas y horas posible para no agotarlo demasiado pronto. Esta suposición es totalmente falsa. En realidad, no hay límite en la cantidad de trabajo a realizar. El trabajo crea trabajo. Lo que A produce constituye la demanda de lo que produce B.

Pero debido a que existe esta falsa suposición, y dado que las políticas sindicales se basan en ella, la consecuencia directa ha consistido en reducir la productividad por debajo del nivel que habría alcanzado en otras circunstancias. Por lo tanto, su efecto a largo plazo y para todos los grupos de trabajadores ha sido *reducir* los salarios reales, es decir, los salarios en relación con los bienes que pueden comprar. La verdadera causa del tremendo aumento experimentado por los salarios reales en el último siglo ha sido, insistamos en ello, la acumulación de capital y la enorme ventaja tecnológica que ésta ha hecho posible.

Sin embargo, este proceso no es automático. Como resultado no sólo de políticas sindicales deficientes, sino también de políticas gubernamentales equivocadas, en la última década este crecimiento se ha detenido. Si observamos únicamente el promedio de los ingresos semanales brutos de los trabajadores independientes no agrícolas en términos de dólares nominales, podemos constatar que han aumentado de 107,73 en 1968 a 189,36 en agosto de 1977. Sin embargo, cuando la Oficina de Estadísticas Laborales ajusta estas cifras aplicando la inflación, convirtiéndolas a dólares de 1967 para reflejar el aumento de los precios al consumo, se descubre que los ingresos semanales *reales* en realidad disminuyeron, pasando de 103,39 en 1968 a 103,36 en agosto de 1977.

Ahora bien, la disminución en el incremento de los salarios reales no es una consecuencia inevitable de la existencia de los sindicatos, sino el resultado de políticas sindicales y gubernamentales cortoplacistas. Todavía existe la oportunidad de reformar ambas.

Capítulo 21

«Suficiente para adquirir el artículo que produce»

Los escritores aficionados de economía siempre piden precios y salarios «justos». Estos conceptos nebulosos de la justicia económica nos llegan desde la Edad Media. Los economistas clásicos, en cambio, desarrollaron un concepto diferente: el de precios y salarios funcionales. Los precios funcionales son aquellos que fomentan un máximo volumen de producción y ventas. Los salarios funcionales son aquellos que tienden a generar el mayor volumen de empleo y las nóminas más elevadas.

El concepto de salarios funcionales ha sido retomado, de manera adulterada, por los marxistas y los miembros de la escuela del poder adquisitivo, sus inconscientes discípulos. Ambos grupos dejan a mentes más ingenuas la cuestión de si los salarios actuales son «justos». La verdadera pregunta, insisten, es si serán o no eficaces. Y los únicos salarios eficaces, nos dicen, los únicos salarios que evitarán una inminente crisis económica son aquellos que permitan al trabajador «adquirir el artículo que produce». Los marxistas y las escuelas del poder adquisitivo atribuyen cada depresión del pasado a un incumplimiento previo del pago de dichos salarios. Y en cualquier momento en el que hablan, están convencidos de que los salarios siguen siendo insuficientes para adquirir el artículo producido.

Esta doctrina ha demostrado ser particularmente eficaz en manos de los líderes sindicales. Desesperados ante su capacidad para despertar el interés altruista del público o para persuadir a los empresarios (malvados por definición) de la necesidad de ser «justos», se han aferrado a un calculado argumento para apelar a los motivos egoístas del público y amedrentarlo hasta obligarlo a exigir que los empresarios satisfagan las reivindicaciones sindicales.

Sin embargo, ¿cómo podemos saber con precisión si el trabajador dispone de lo «suficiente para adquirir el artículo»? ¿O cuándo tiene más de la cuenta? ¿Cómo podemos determinar exactamente cuál es la cantidad adecuada? Puesto que los defensores de la doctrina no parecen haberse molestado en responder a estas preguntas, nos vemos en la obligación de tratar de encontrar las respuestas por nosotros mismos.

Algunos defensores de la teoría parecen insinuar que los trabajadores de cada industria deberían recibir lo suficiente para poder adquirir el producto particular que fabrican. Pero con ello seguro que no pretenden decir que los fabricantes de ropa barata deberían recibir el dinero suficiente para adquirir ropa barata y los que fabrican abrigos de visón lo necesario para poder adquirirlos, o que los operarios de la Ford deberían obtener lo suficiente para comprar automóviles Ford y los de la Cadillac para adquirir un Cadillac.

Cabe recordar, con carácter ilustrativo, que los sindicatos de la industria automovilística, en la década de 1940, ya contaban con la mayoría de sus miembros situados en el tercio superior de los asalariados del país. Sus integrantes, cuyos salarios semanales, según cifras oficiales, superaban en un 20 % el salario medio pagado en las fábricas y casi el doble del que se pagaba en el comercio minorista, reclamaban un aumento del 30 % con el propósito, según uno de sus portavoces, de «fortalecer nuestra capacidad, cada vez más limitada, de absorber los bienes que podemos producir».

¿Qué ocurre entonces con el trabajador fabril medio y el empleado del comercio minorista? Si, en tales circunstancias, los trabajadores de la industria automovilística necesitaban un aumento del 30 % para evitar el colapso de la economía, ¿hubiera bastado un simple 30 % para los demás? ¿O hubiesen requerido aumentos del 55 al 160 % para proporcionarles el mismo poder adquisitivo per cápita que a los trabajadores de la industria automovilística? Recordemos que entonces, al igual que ahora, existían diferencias enormes entre los niveles salariales medios de las distintas industrias. En 1976, los trabajadores del comercio minorista percibían un salario semanal medio de tan sólo 113,96 dólares, mientras que los de la industria manufacturera promediaban 207,60 dólares, y aquellos dedicados a la construcción alcanzaban los 284,93 dólares.

(Podemos estar seguros, si la historia de la negociación salarial –incluso *dentro de cada sindicato*– sirve como guía, de que los trabajadores de la industria automovilística, de haberse presentado esta última propuesta, habrían insistido en mantener las diferencias existentes. La inclinación hacia la igualdad económica, tanto entre los miembros sindicados como entre la población en general, con la excepción de unos pocos filántropos y santos, nos impulsa a aspirar a recibir lo mismo que quienes se sitúan por encima de nosotros en la escala económica, pero no a otorgar a quienes se encuentran por debajo lo mismo que percibimos. No obstante, lo que aquí nos incumbe es la coherencia y solidez de determinada teoría económica, y no tanto las inevitables limitaciones de la naturaleza humana).

2

El argumento de que el trabajador debería recibir lo suficiente para adquirir el artículo que produce no es más que una versión especial de la teoría general del «poder adquisitivo». El salario de los trabajadores, se afirma con bastante acierto, es su poder adquisitivo. Pero es igualmente cierto que los ingresos de todos los demás –tenderos, propietarios, empresarios– son sus respectivos poderes adquisitivos para comprar lo que otros venden. Y una de las cosas más importantes para la que otros deben encontrar compradores es su trabajo.

Todo lo anterior presenta, además, una perspectiva contrapuesta. *En una economía de mercado, la renta de cada miembro constituye, en última instancia, el costo de otro.* Cualquier incremento en los salarios por hora, salvo que se vea compensado por un aumento equivalente en la productividad por hora, implica un incremento en los costos de producción. Dicho aumento, cuando el gobierno controla y prohíbe cualquier ajuste de precios, reduce los beneficios de los productores marginales, los obliga a cesar sus actividades, puede generar una contracción en la producción y propiciar un aumento del desempleo. Incluso en aquellos casos en que un aumento de precios resulta posible, dicho incremento desalienta a los compradores, contrae el mercado y genera desempleo.

Si un incremento del 30 % en los salarios por hora exige un aumento equivalente del 30 % en los precios, los trabajadores no podrán adquirir una mayor cantidad de bienes que antes, resultando imposible romper el círculo vicioso.

Sin duda, muchos estarán inclinados a cuestionar la afirmación de que un incremento del 30 % en los salarios pueda obligar a un aumento porcentual equivalente en los precios. Es cierto que tal resultado sólo podría materializarse a largo plazo y siempre que la política monetaria y crediticia lo permita. Si el dinero y el crédito son tan inelásticos que no se incrementan al verse obligados los salarios a aumentar –y si se parte de la premisa de que los salarios más altos no se encuentran justificados por un aumento correspondiente en la productividad laboral medida en dólares–, entonces el efecto principal de imponer un incremento salarial será el de producir desempleo.

En tal caso, es probable que el total de las nóminas, tanto en términos monetarios como en poder adquisitivo real, resulte inferior al nivel previo, dado que un aumento del desempleo, provocado por la política sindical y no como consecuencia transitoria de los avances tecnológicos, implica necesariamente una disminución en la producción de bienes destinados a toda la población. Y resulta improbable que la mano de obra compense la disminución absoluta de la producción obteniendo una proporción relativa mayor de la producción que queda disponible.

Paul H. Douglas, en Estados Unidos, tras analizar una gran cantidad de estadísticas, y A. C. Pigou, en Inglaterra, aplicando métodos casi puramente deductivos, llegaron cada uno por su lado a la conclusión de que la elasticidad de la demanda de trabajo se sitúa entre 3 y 4. Esto significa, en lenguaje menos técnico, que «una reducción del 1 % en el salario real probablemente incremente la demanda agregada de trabajo en una proporción no inferior al 3 %».[10] O, dicho de otro modo, «si los salarios se elevan por encima del nivel de la productividad marginal, la disminución del número de empleos sería normalmente de tres a cuatro veces mayor que el aumento del importe de los salarios por hora»,[11] de modo que los ingresos totales de los trabajadores se reducirían en consecuencia.

Incluso si estos datos se consideran únicamente como representativos de la elasticidad de la demanda de trabajo observada en un período determinado del pasado, y no necesariamente como un pronóstico para el futuro, merecen la más seria consideración.

3

Pero supongamos ahora que el aumento de los salarios se ve acompañado o seguido de un incremento suficiente de dinero y crédito que permita que dicho aumento se produzca sin generar un considerable desempleo. Si asumimos que la relación anterior entre salarios y precios era «normal» a largo plazo, es muy probable que un incremento forzado de, pongamos, un 30 % en los salarios conduzca, en última instancia, a un incremento de los precios de un porcentaje similar.

La creencia de que el aumento de los precios sería considerablemente menor se basa en dos errores principales. El primero consiste en considerar únicamente los costos directos de mano de obra de una empresa o industria específica y asumir que éstos representan la totalidad de los costos laborales involucrados. Éste es, sin embargo, un error elemental: confundir una parte con el todo. Cada industria no sólo constituye una sección del proceso productivo considerado «horizontalmente», sino también una porción del proceso productivo «verticalmente» comprendido. Así, el costo directo de la mano de obra en las fábricas de la industria automovilística podría representar, por ejemplo, menos de un tercio del costo total de fabricación. Esto puede in-

10. Pigou, A. C., *The Theory of Unemployment.* 1933, pág. 96.
11. Douglas, Paul H., *The Theory of Wages.* 1934, pág. 501.

ducir a los incautos a concluir que un aumento del 30 % en los salarios se traduciría en un incremento de apenas un 10 % o menos en el precio de los automóviles. Sin embargo, tal cálculo ignora los costos salariales indirectos incorporados en las materias primas y piezas adquiridas a otras empresas, en los gastos de transporte, en la inversión en nuevas fábricas o maquinaria, así como en los márgenes de beneficio de los concesionarios.

Las estimaciones oficiales muestran que, en el período de quince años comprendido entre 1929 y 1943, los sueldos y salarios en Estados Unidos, por ejemplo, representaron en promedio el 69 % de la renta nacional. En el quinquenio de 1956 a 1960 se obtuvo un resultado similar. Durante el período 1972-1976, los salarios promediaron un 66 % de la renta nacional, y si se incluyen los suplementos, la remuneración total de los empleados alcanzaba el 76 % de la renta nacional. Estos sueldos y salarios, por supuesto, debían financiarse con cargo al producto nacional. Si bien sería necesario ajustar estas cifras para obtener una estimación más precisa de los ingresos del trabajo, podemos asumir, con base en estos datos, que los costos laborales no representan menos de dos tercios del costo total de producción, pudiendo incluso superar los tres cuartos, según la definición que se adopte de *trabajo*. Si tomamos la estimación más conservadora y suponemos además que los márgenes de beneficio en términos absolutos se mantienen constantes, resulta evidente que un aumento del 30 % en los costos salariales de toda la industria implicaría un incremento cercano al 20 % en los precios.

Pero tal cambio significaría que el margen de beneficios en dólares que representa la renta de accionistas, directores de empresa y autónomos tendría entonces sólo el 84 % del anterior poder adquisitivo. Su efecto a largo plazo sería una disminución de la inversión y de la creación de nuevas empresas y las consiguientes transferencias de personal desde los rangos inferiores de los autónomos a los rangos superiores de los asalariados, hasta que se hubieran restablecido las relaciones previas. Pero esto es sólo otra forma de decir que un aumento del 30 % en los salarios, en las condiciones supuestas, con el tiempo significaría también un incremento del 30 % en los precios.

De todo ello no se sigue necesariamente que los asalariados obtengan ganancias absolutas; sí podrían lograr ganancias relativas, aunque otros sectores de la población experimentarían pérdidas relativas *durante el período de transición*. No obstante, es poco probable que esta ganancia relativa se traduzca en una ganancia absoluta, ya que el cambio en la relación entre costos y precios que aquí se plantea difícilmente podría ocurrir sin generar desempleo y sin desequilibrar, interrumpir o limitar la producción. En consecuencia, aunque el trabajo pudiera recibir, durante este período de ajuste hacia un nuevo equilibrio, una porción mayor de un «pastel» más pequeño, es dudoso que dicha porción supere, en términos absolutos, la anterior porción más reducida de un «pastel» más grande; de hecho, fácilmente podría ser menor.

4

Lo anterior nos conduce al análisis del verdadero significado y alcance del equilibrio económico. Los salarios y precios en equilibrio son aquellos que igualan la oferta y la demanda. Si se intenta elevar los precios –ya sea mediante intervención estatal o privada– por encima de su nivel de equilibrio, la demanda disminuye y, en consecuencia, también la producción. Por lo tanto, cualquier intento de forzar los precios por encima o por debajo de sus niveles de equilibrio –que son precisamente los niveles hacia los que el libre mercado tiende de manera natural– reducirá el volumen total de empleo y de producción por debajo del nivel que se habría alcanzado de forma espontánea.

Retomemos ahora la doctrina según la cual el trabajo debe recibir «lo suficiente para adquirir el artículo producido». La producción nacional, evidentemente, no es creada ni consumida tan sólo por los trabajadores del sector manufacturero. Está destinada a todos: empleados administrativos, profesionales, agricultores, grandes y pequeños empresarios, accionistas, tenderos, carniceros, propietarios de pequeños supermercados y gasolineras, y en general todos aquellos que participan en la elaboración del producto final.

En lo que respecta a los precios, salarios y beneficios que determinan la distribución de ese producto, los precios óptimos no son los más altos, sino aquellos que fomentan el mayor volumen de producción y ventas. Los salarios adecuados no son los más elevados, sino los que permiten alcanzar la plena producción, el pleno empleo y la sostenibilidad de las mayores nóminas. Del mismo modo, los beneficios óptimos –considerando no sólo la perspectiva de la industria, sino también la del trabajo– no son los más bajos, sino aquellos que incentivan a la mayor cantidad de personas a convertirse en empresarios o a generar más empleo que el existente previamente.

Si intentamos dirigir la economía en beneficio de un solo grupo o clase, acabaremos perjudicando o destruyendo a todos los grupos, incluidos los miembros de la misma clase a la que pretendíamos favorecer. La economía debe gestionarse pensando en el bienestar de todos.

Capítulo 22

La función de los beneficios

La indignación que muchas personas manifiestan hoy en día ante la mera mención de la palabra *beneficios* revela una comprensión limitada de la función esencial que éstos desempeñan en nuestra economía. Para analizar esta cuestión con mayor claridad, retomaremos algunos conceptos expuestos en el capítulo 15 sobre el funcionamiento del mecanismo de precios, aunque desde una perspectiva distinta.

En realidad, los beneficios no representan una gran cantidad en el total de nuestra economía. Las ganancias netas de las empresas mercantiles en los quince años que van de 1929 a 1943, por tomar una cifra ilustrativa, promedió menos del 5 % de la renta nacional. Los beneficios corporativos después del pago de impuestos constituyeron, de promedio, menos del 6 % de la renta nacional durante el período comprendido entre 1956 y 1960. De igual modo, entre 1971 y 1975 dichos beneficios también promediaron menos del 6 % de la renta nacional, a pesar de que, debido a una insuficiente corrección contable por efectos de la inflación, es probable que dichas cifras se encontraran sobrestimadas. Sin embargo, los beneficios constituyen la forma de ingreso que suscita mayor hostilidad. Resulta significativo que, mientras existe el término *usurero* para censurar a quienes obtienen beneficios considerados excesivos, no disponemos de vocablos equivalentes para describir a quienes perciben salarios desmesurados o registran pérdidas considerables. No obstante, los beneficios del propietario de una barbería pueden ser de promedio muy inferiores no sólo al salario de una estrella de cine o del director de una empresa siderúrgica, sino incluso al salario medio de un trabajador especializado.

El tema está impregnado de numerosos conceptos erróneos. Los beneficios totales de General Motors, la mayor empresa industrial del mundo, suelen tomarse como la norma en lugar de la excepción. Son pocos quienes conocen las elevadas tasas de mortalidad empresarial. La mayoría ignora –según los estudios del TNEC– que «si las condiciones comerciales se mantienen en los promedios observados durante los últimos cincuenta años, aproximadamente siete de cada diez tiendas de comestibles que abren hoy sus puertas lograrán sobrevivir hasta su segundo año; sólo cuatro de cada diez podrán esperar celebrar su cuarto aniversario». También se desconoce que, durante todos los años comprendidos entre 1930 y 1938, las estadísticas del impuesto sobre la renta revelan que el número de empresas que registraron pérdidas superó al de aquellas que obtuvieron beneficios.

¿A cuánto ascienden los beneficios por término medio?

Esta pregunta suele responderse citando las cifras mencionadas al comienzo de este capítulo, según las cuales los beneficios corporativos promedian menos del 6% de la renta nacional, o señalando que los beneficios medios, después de impuestos sobre la renta, de todas las empresas manufactureras ascienden a menos de cinco centavos por cada dólar de ventas (en el quinquenio comprendido entre 1971 y 1975, por ejemplo, la cifra fue de sólo 4,6 centavos).

No obstante, estas cifras oficiales –aunque muy inferiores a las percepciones populares acerca de la magnitud de los beneficios– se refieren únicamente a los resultados de las empresas calculados según los métodos contables tradicionales. No se dispone de estimaciones fiables que consideren los diversos tipos de actividad, tanto entre sociedades mercantiles como entre empresarios individuales, ni que abarquen un número representativo de años favorables y desfavorables. Sin embargo, algunos eminentes economistas sostienen que, a lo largo de un período prolongado, una vez descontadas todas las pérdidas, el tipo de interés mínimo relativamente «seguro» sobre el capital invertido y el valor salarial razonable imputado por los servicios de quienes dirigen sus propios negocios, podría no quedar beneficio alguno e incluso registrarse pérdidas. Esto no ocurre porque los empresarios –quienes trabajan por cuenta propia– actúen por altruismo, sino porque su confianza y optimismo los llevan a emprender proyectos en los que no siempre tienen éxito.[12]

En cualquier caso, resulta evidente que toda persona que invierte un capital se expone no sólo al riesgo de no obtener rentabilidad alguna, sino también a la posibilidad de perderlo por completo. En el pasado, la expectativa de percibir elevados dividendos en determinadas empresas o sectores llevó a muchos a asumir ese riesgo considerable. Sin embargo, si los beneficios se limitan a un máximo –digamos, del 10 % o una cifra semejante– cuando persiste la posibilidad de perder la totalidad del capital, ¿cuál será el efecto previsible sobre el incentivo de la ganancia y, en consecuencia, sobre el empleo y la producción? El impuesto sobre los beneficios extraordinarios aplicado durante la Segunda Guerra Mundial demostró cómo tales restricciones pueden llegar a socavar la eficiencia, incluso en un período breve de tiempo.

No obstante, en la actualidad, la política estatal tiende, en casi todos los contextos, a asumir que la producción se mantendrá en curso independientemente de las medidas implementadas para desincentivarla. Uno de los mayores riesgos a los que se enfrenta hoy la producción mundial es la intervención gubernamental en la regulación de los precios. Dichas políticas no sólo paralizan la producción de determinados bienes al suprimir el incentivo para su fabricación, sino que, a largo plazo, dificultan la consecución de un equilibrio entre la producción y la demanda real de los consumidores. En una economía libre, la demanda actuaría de manera que ciertos sectores de la producción generarían beneficios que, desde la perspectiva de los funcionarios, podrían considerarse «excesivos», «poco razonables» o incluso «obscenos». Sin embargo, este mismo fenómeno no sólo incentivaría a todas las empresas de dicho sector a ampliar su producción al máximo y a reinvertir sus beneficios en nueva maquinaria y mayor empleo, sino

---

12. Knight Frank H., *Riesgo, incertidumbre y beneficio.* 1921. En cualquier período en el que haya habido acumulación neta de capital, siempre existe una fuerte presunción de que también debe haber habido ganancias netas totales procedentes de inversiones previas.

que también atraería a nuevos inversores y productores de distintos lugares, hasta que la producción alcanzara un nivel suficiente para satisfacer la demanda, provocando así que los beneficios regresaran a su nivel general previo, o que incluso se situaran por debajo de éste.

En una economía libre, en la que los salarios, los costos y los precios se determinan por el libre juego de la competencia, la perspectiva de obtener beneficios decide qué bienes se producirán, en qué cantidades y cuáles no se producirán en absoluto. La ausencia de beneficios al fabricar un artículo indica que el trabajo y el capital destinados a su producción están mal invertidos; es decir, el valor de los recursos empleados para su elaboración supera el valor del propio producto.

En síntesis, la función de las ganancias consiste en guiar y canalizar los factores de producción para abastecer al mercado con los miles de bienes distintos que exige la demanda. Ningún burócrata, por brillante que sea, puede resolver este problema de manera arbitraria. Los precios y beneficios determinados libremente maximizan la producción y reducen la escasez con mayor eficacia que cualquier otro sistema, mientras que los precios y beneficios fijados de forma arbitraria sólo prolongan la escasez y disminuyen la producción y el empleo.

Finalmente, la función de los beneficios consiste en ejercer una presión constante y segura sobre los directivos de toda empresa competitiva, incentivándolos a mejorar la eficiencia y la economía de sus operaciones, sin importar el nivel previamente alcanzado. En épocas de bonanza, esta presión se traduce en un esfuerzo por incrementar aún más las ganancias; en períodos normales, por superar a los competidores, y en tiempos de crisis, por garantizar la supervivencia. Los beneficios no sólo pueden reducirse a cero, sino transformarse con rapidez en pérdidas, y nadie se esfuerza más por evitar la ruina que por simplemente mejorar su situación.

Contrariamente a la creencia popular, los beneficios no se obtienen mediante el aumento de los precios, sino a través de la implementación de economías y eficiencias que reduzcan los costos de producción. Rara vez ocurre –y, salvo en presencia de un monopolio, nunca sucede durante un período prolongado– que todas las empresas de un sector determinado obtengan beneficios. El precio cobrado por todas las empresas por un mismo bien o servicio debe ser idéntico; quienes intentan fijar un precio superior no encuentran compradores. Por consiguiente, los mayores beneficios corresponden a las empresas que han logrado los menores costos de producción. Éstas expanden su actividad a expensas de las empresas ineficientes con costos más elevados. De este modo, se benefician tanto el consumidor como el interés público.

Resumiendo, los beneficios resultantes de la relación entre costos y precios no sólo nos indican qué bienes son más económicos de producir, sino también cuáles son los medios más económicos de fabricarlos. Estos problemas deben resolverse en cualquier sistema económico, ya sea socialista o capitalista; forman parte de los desafíos inherentes a cualquier modelo concebible. Sin embargo, para la inmensa mayoría de los bienes y servicios, las señales proporcionadas por los beneficios y las pérdidas en un régimen capitalista de empresa privada ofrecen soluciones incomparablemente más eficaces que las que podrían obtenerse mediante cualquier otro método.

He puesto el énfasis en la tendencia a reducir los costos de producción porque ésta es la función de los beneficios y las pérdidas que parece recibir menor reconocimiento. Por supuesto, los mayores beneficios corresponden tanto a quien fabrica una *mejor* trampa para ratones que su vecino como a quien la produce de manera más eficiente. No obstante, la función de los beneficios de premiar y estimular la calidad superior y la innovación siempre ha sido reconocida.

Capítulo 23

El espejismo de la inflación

He considerado oportuno advertir al lector, de manera ocasional, que determinadas políticas económicas conducirían necesariamente a ciertos resultados, «siempre que no se produjera inflación». En los capítulos dedicados a las obras públicas y al crédito señalé la conveniencia de aplazar el análisis de las complicaciones que la inflación introduce en estos ámbitos. Sin embargo, dado que el dinero y la política monetaria constituyen elementos tan íntimamente ligados, e incluso consustanciales, al proceso económico, dicha separación resultaba bastante difícil de implementar, aun con fines expositivos. Por esta razón, en los capítulos que abordan los efectos de diversas políticas estatales o sindicales sobre salarios, empleo, beneficios y producción, fue indispensable considerar de manera inmediata ciertos impactos derivados de distintas políticas monetarias.

Antes de examinar las consecuencias de la inflación en casos concretos, es conveniente considerar primero sus efectos de carácter general. Y, aún antes de ello, resulta pertinente preguntarse por qué se ha recurrido de manera reiterada a la inflación, fenómeno que ejerce un extraño atractivo sobre las masas populares y cuyo canto de sirena ha conducido a tantas naciones al desastre económico. El error más evidente y, al mismo tiempo, el más antiguo y persistente que sustenta el atractivo de la inflación es la confusión entre «dinero» y riqueza. «Que la riqueza consiste en dinero, es decir, en oro y plata –escribió Adam

Smith hace más de dos siglos– es una noción popular que surge naturalmente de la doble función del dinero como instrumento del comercio y como medida de valor. [...] Enriquecerse es adquirir dinero; en resumen, la riqueza y el dinero son considerados, en el lenguaje común, sinónimos en todos los sentidos».

La verdadera riqueza consiste, por supuesto, en los bienes y servicios que se producen y consumen: los alimentos, la ropa que vestimos, las viviendas en las que habitamos. También forman parte de ella los ferrocarriles y las carreteras, los automóviles, los barcos, los aviones y las fábricas; las escuelas, las iglesias y los teatros; los pianos, las pinturas y los libros. Sin embargo, la ambigüedad lingüística que lleva a confundir dinero con riqueza es tan persistente que incluso quienes reconocen el error suelen reincidir en él a lo largo de su razonamiento. Todos entendemos que, si dispusiéramos de más dinero, podríamos adquirir más bienes; que con el doble podríamos comprar el doble, y con el triple, nuestra riqueza «valdría» tres veces más. De ahí que, para muchos, parezca natural concluir que si el gobierno emitiera más dinero y lo distribuyera equitativamente entre toda la población, todos seríamos en proporción más ricos.

Éstos son, evidentemente, los defensores más ingenuos de la inflación. Existe, sin embargo, un segundo grupo, menos crédulo, que entiende que, si la cuestión fuera tan simple, el Estado podría resolver todos los problemas económicos con sólo imprimir más billetes. Este grupo reconoce que debe de existir algún inconveniente y, por ello, propone restringir la emisión de dinero adicional a lo que consideran estrictamente necesario para compensar alguna presunta «deficiencia» o «laguna» en el sistema económico.

Sostienen que el poder adquisitivo es crónicamente insuficiente porque la industria no distribuye entre los productores el dinero necesario para que éstos, como consumidores, puedan adquirir los bienes que fabrican. Debe de existir, piensan, alguna misteriosa «fuga» en el sistema. Algunos incluso han intentado «demostrarlo» mediante ecuaciones: en una columna registran una cantidad una sola vez, mientras que en la otra la contabilizan, inadvertidamente, varias veces. Así obtienen una diferencia alarmante entre lo que denominan «pagos A» y «pagos A+B». Sobre esta base, fundaron movimientos, adoptaron un uniforme verde y exigieron al gobierno que emitiera dinero o concediera «créditos» para cubrir la supuesta diferencia representada por la letra B.

Aunque los apóstoles más rudimentarios del llamado «crédito social» puedan resultarnos ridículos, existen numerosas escuelas inflacionistas apenas más refinadas que proponen planes «científicos» destinados a emitir o conceder la cantidad exacta de dinero, o de crédito adicional, necesaria para compensar alguna supuesta deficiencia crónica o periódica, calculada según sus propios procedimientos.

2

Los inflacionistas más perspicaces reconocen que todo aumento sustancial en el volumen de dinero en circulación reduce el poder adquisitivo de la unidad monetaria; en otras palabras, provoca un alza en los precios de los bienes y servicios. Pero lejos de inquietarles, esto es precisamente lo que buscan. Algunos sostienen que la inflación mejora la posición de los deudores pobres frente a los acreedores ricos; otros afirman que estimula las exportaciones y desalienta las importaciones. Y no faltan quienes la presentan como una herramienta indispensable para superar las depresiones económicas, reactivar la industria y alcanzar el pleno empleo.[13]

Existen innumerables teorías sobre las consecuencias que el aumento del volumen de dinero en circulación –incluido el crédito bancario– puede tener sobre los precios. Por un lado, encontramos a quienes creen que la cantidad de dinero podría incrementarse prácticamente sin límites sin que esto afectara a los precios. Ven este mecanismo simplemente como un medio para elevar el poder adquisitivo de toda la población, permitiéndole adquirir más bienes que antes. O bien no comprenden que la colectividad no puede consumir el doble de bienes

13. Reducida a sus elementos esenciales, ésta es la teoría de los keynesianos. En *Los errores de la nueva economía: Crítica a la Teoría General de Keynes*. Unión Editorial, 2021, la analizo en detalle.

a menos que la producción se duplique, o bien imaginan que lo único que limita el crecimiento indefinido de la producción no son factores como la escasez de mano de obra, las restricciones horarias o las demás limitaciones de la capacidad productiva, sino únicamente la falta de dinero en circulación; si la gente desea adquirir los productos y dispone del dinero suficiente para pagarlos, añaden, éstos se fabricarán casi de manera automática.

Por otra parte, existe un grupo –formado por algunos economistas de gran renombre– que sostiene una teoría estricta acerca de los efectos de la oferta monetaria sobre los precios de los bienes. Según estos teóricos, todo el dinero de una nación se ofrece en intercambio por el conjunto total de las mercancías producidas. En consecuencia, el valor de la cantidad total de dinero, multiplicado por su «velocidad de circulación», debe ser siempre igual al valor total de los bienes adquiridos. De ello se desprende que, si la «velocidad de circulación» permanece constante, el valor de la unidad monetaria variará en proporción inversa y exacta al volumen de dinero en circulación. Así, si se duplica la cantidad de dinero y crédito bancario, el «nivel de precios» también se duplicará; si se triplica, se triplicará en la misma medida. En resumen, si la cantidad de dinero en circulación se multiplica por *n,* el nivel de precios se incrementará automáticamente *n* veces.

No disponemos de espacio aquí para examinar en detalle todas las falacias que encierra esta imagen aparentemente plausible.[14] En su lugar, intentaremos examinar por qué y en qué forma cualquier aumento en el volumen de dinero en circulación eleva los precios.

El incremento del volumen de dinero siempre se produce de una manera concreta. Supongamos que ocurre porque el gobierno incurre en gastos superiores a los que puede –o desea– cubrir mediante impuestos o emisiones de deuda pública financiadas con el ahorro de los ciudadanos. Imaginemos, por ejemplo, que el Estado imprime papel

14. El lector que desee profundizar en su análisis deberá remitirse a las siguientes obras: B. M. Anderson, *The Value of Money* (1917; nueva edición, 1936); Ludwig von Mises, *La teoría del dinero y del crédito.* Unión Editorial, 1975 o el libro del presente autor, *Inflation Crisis, and How to Resolve It.* New Rochelle, Nueva York: Arlington House, 1978.

moneda para pagar a los contratistas de defensa. El efecto inmediato de este gasto será un aumento en los precios de los suministros bélicos, así como un incremento del dinero en manos de dichos contratistas y de sus empleados. (Del mismo modo que, en el capítulo dedicado a la regulación de precios, debimos dejar de lado ciertas complejidades derivadas de la inflación para simplificar el análisis, ahora, al considerar la inflación, conviene omitir las complicaciones que introducen las medidas estatales destinadas a fijar precios. Si se reflexiona con detenimiento, se advertirá que tales medidas no modifican el razonamiento esencial: tan sólo generan una forma de inflación reprimida, que logra reducir u ocultar algunas de las consecuencias iniciales a costa de agravar las posteriores).

Los contratistas de material bélico y sus empleados, por consiguiente, recibirán mayores ingresos monetarios, que destinarán a la adquisición de los bienes y servicios que más deseen o necesiten. Los vendedores de dichos productos podrán elevar sus precios ante esta creciente demanda. Quienes dispongan de mayores ingresos estarán dispuestos a pagar precios más altos antes que renunciar a lo que desean, pues cuanto más dinero posean, menor será el valor subjetivo que cada uno atribuya al dólar.

Denominemos grupo A a los contratistas de material bélico y sus empleados, y grupo B a quienes adquieren directamente los bienes y servicios adicionales que ellos ofrecen. Como resultado del aumento de ventas y precios, el grupo B podrá comprar a su vez más mercancías y servicios a un grupo C. Este último, a su vez, podrá incrementar sus precios, obtener mayores ingresos y adquirir más bienes y servicios de un grupo D, y así sucesivamente, hasta que el incremento de precios e ingresos monetarios se extienda casi a toda la nación. Cuando el proceso se complete, casi todos contarán con mayores ingresos monetarios; pero, dado que la producción de bienes y servicios no ha aumentado, los *precios* generales habrán subido en consecuencia, y la riqueza de la nación no será mayor que antes.

Esto no significa, sin embargo, que la riqueza y los ingresos relativos o absolutos de todos se mantengan igual que antes. Por el contrario, el proceso inflacionario sin duda afectará de distinta forma a los diferentes grupos que participan del proceso económico. Los primeros grupos que reciban dinero adicional serán los más beneficiados. Los ingresos monetarios del grupo A, por ejemplo, habrán aumentado antes de que se produzca la subida de precios, de modo que podrán adquirir un volumen de mercancías casi proporcional a dicho incremento. Los ingresos en dinero del grupo B aumentarán más tarde, cuando ya se había iniciado el aumento de precios; aun así, este grupo verá mejorada su situación al poder adquirir más bienes que antes. Mientras que los grupos restantes, cuyos ingresos monetarios aún no han aumentado en absoluto, se verán obligados a pagar precios más altos por los bienes que necesitan, lo que significa que deberán conformarse con un nivel de vida inferior al que tenían antes.

Podemos ilustrar con mayor claridad este proceso mediante un conjunto de cifras hipotéticas. Imaginemos que dividimos la población, de manera arbitraria, en cuatro grupos principales de productores: A, B, C y D. Estos grupos se ven beneficiados por la inflación en sus ingresos monetarios en el orden mencionado. Cuando los ingresos del grupo A han aumentado ya un 30 %, los precios de los bienes que consumen aún no han experimentado ningún incremento. En el caso del grupo B, cuando sus ingresos monetarios aumentan un 20 %, los precios sólo han subido, en promedio, un 10 %. Sin embargo, cuando los ingresos del grupo C han crecido apenas un 10 %, los precios ya se han elevado alrededor de un 15 %. Finalmente, cuando los ingresos del grupo D permanecen sin cambio, los precios de los bienes que adquieren han aumentado, en promedio, un 20 %. En otras palabras, los beneficios obtenidos por los primeros grupos –aquellos que logran acceder antes a mayores precios o salarios como consecuencia de la inflación– se producen, de manera inevitable, a costa de las pérdidas que soportan los grupos que reciben esos incrementos con posterioridad, los cuales deben pagar precios más altos antes de que sus propios ingresos se ajusten.

Es posible que, si el proceso inflacionario se detiene tras algunos años, el resultado final sea un aumento promedio del 25 % tanto en los ingresos monetarios como en los precios, distribuidos de manera uniforme entre todos los grupos. Sin embargo, este nuevo equilibrio no anula las ganancias ni las pérdidas que se produjeron durante el período de transición. El grupo D, por ejemplo, aunque al final vea incrementados sus ingresos y precios en un 25 %, no podrá adquirir una cantidad mayor de bienes y servicios que antes del inicio de la inflación. Las pérdidas acumuladas durante la fase de transición, cuando sus ingresos permanecían inalterados mientras debía pagar hasta un 30 % más por los bienes y servicios ofrecidos por los grupos A, B y C, no podrán ser compensadas.

3

Así pues, la inflación constituye un ejemplo más de nuestra tesis fundamental. Puede, en efecto, proporcionar beneficios temporales a ciertos sectores privilegiados, pero únicamente a costa de otros grupos. A largo plazo, sus efectos resultan perjudiciales para el conjunto de la comunidad. Incluso una inflación moderada altera la estructura productiva, promoviendo la expansión desproporcionada de determinadas industrias en detrimento de otras. Este fenómeno conduce, inevitablemente, a un uso ineficiente de los recursos y a una pérdida de capital. Cuando el proceso inflacionario se detiene o colapsa, las inversiones mal orientadas –ya sea en maquinaria, fábricas o edificios de oficinas– dejan de generar beneficios adecuados y ven reducido de forma considerable su valor.

Tampoco es posible poner fin a la inflación de manera gradual con el propósito de evitar la consiguiente depresión. Una vez que se ha emprendido el camino inflacionario, resulta imposible detenerlo siguiendo planes prudentes o en el momento en que los precios alcanzan un nivel previamente fijado, pues las fuerzas políticas y económicas desatadas escapan inevitablemente a todo control. No se puede defender un incremento del 25 % en los precios sin que alguien sostenga que el mismo argumento justifica con mayor fuerza un aumento del 50 %, o incluso del 100 %. Los grupos de presión política que se han beneficiado de la inflación se negarán a ponerle fin.

Además, resulta imposible controlar el valor del dinero en períodos de inflación, pues, como se ha señalado, la causalidad no obedece a leyes meramente mecánicas. No puede afirmarse, por ejemplo, que un aumento del 100 % en el volumen de dinero en circulación provoque necesariamente un descenso del 50 % en el valor de la unidad monetaria. El valor del dinero depende, como hemos visto, de las valoraciones subjetivas de quienes lo poseen. Estas valoraciones no dependen únicamente de la cantidad de dinero que cada persona tiene a su disposición, sino también de la *calidad* de dicho dinero. En tiempos de guerra, el valor de la unidad monetaria de una nación que no se encuentra bajo el patrón oro se incrementará en los mercados internacionales con la victoria y disminuirá con la derrota, independientemente de las variaciones en su volumen. Con frecuencia, la valoración presente del dinero depende de las expectativas sobre su volumen *futuro*. Y, al igual que sucede con la especulación de mercancías, la valoración que cada individuo hace del dinero se ve influida no sólo por lo que *estima* que es su valor, sino también por lo que supone que será la valoración futura que *los demás* harán de él.

Esto explica por qué, una vez implantada la superinflación, el valor de la unidad monetaria cae a un ritmo muy superior al del aumento del volumen de dinero que hay o puede haber en circulación. Cuando se llega a esta etapa, el desastre es casi completo y el sistema se declara en bancarrota.

4

Y, sin embargo, el fervor por la inflación nunca se extingue. Casi parece que ningún país logra aprender de la experiencia de otros, ni que ninguna generación escarmienta con los sufrimientos de sus antepasados. Cada generación y cada nación persigue el mismo espejismo. Todos ansían los mismos frutos del mar Muerto, que pronto se convierten en polvo y ceniza en la boca. Tal es, en efecto, la naturaleza de la inflación: dar origen a mil y una ilusiones engañosas.

En la actualidad, el argumento más recurrente a favor de la inflación sostiene que ésta «activará la industria», evitará las pérdidas irreparables derivadas del estancamiento y la ociosidad, y garantizará el «pleno empleo». Este razonamiento, en su forma más elemental, se basa en la confusión secular entre dinero y riqueza. Supone que se está creando un nuevo «poder adquisitivo» y que sus efectos se expandirán en círculos cada vez mayores, como las ondas provocadas por una piedra al caer en un estanque. No obstante, el auténtico poder adquisitivo que nos permite adquirir bienes, como hemos visto, se mide en términos de otros bienes. No puede incrementarse de manera significativa únicamente mediante la emisión de más billetes. Lo que ocurre sobre todo en una economía de mercado es que las mercancías producidas por A se intercambian por las que produce B.[15]

Lo que la inflación hace realmente es modificar las relaciones entre precios y costos. Su objetivo principal suele ser elevar los precios de las mercancías en relación con el nivel general de los salarios, de manera que se restauren los beneficios empresariales y, al restablecer una relación viable entre precios y costos de producción, se estimule la recuperación de la producción en los sectores de la economía donde existan recursos ociosos.

No debería quedar ninguna duda de que este objetivo podría alcanzarse de manera más directa y honesta mediante la reducción de los salarios inviables. Sin embargo, los defensores más sofisticados de la inflación sostienen que tal medida no puede adoptarse actualmente por razones políticas. En ocasiones, incluso van más lejos y afirman que todas las propuestas destinadas a reducir directamente determinados salarios para combatir el desempleo son «antilaborales». No obstante, lo que ellos mismos proponen, en términos sencillos, equivale a *engañar* a los trabajadores: reducir sus salarios *reales* –es decir, su poder adquisitivo– mediante un aumento de los precios.

Lo que se olvida es que el sector laboral se ha vuelto mucho más sofisticado; los grandes sindicatos cuentan con economistas especializados en cuestiones laborales y conocedores de diversos índices, por lo que no resulta tan fácil engañar a los trabajadores. En las condiciones actuales, parece improbable que la inflación logre alcanzar sus objeti-

15. Véase John Stuart Mill, *Principios de Economía Política* (libro 3, cap. 14, párr. 2); Alfred Marshall, *Principios de Economía* (libro VI, cap. XIII, sec. 10); Benjamin M. Anderson, «A Refutation of Keynes' Attack on the Doctrine that Aggregate Supply Creates Aggregate Demand», en *Financing American Prosperity*, en un simposio de economistas. Véase también el simposio editado por el autor del presente libro: *The Critics of Keynesian Economics*. New Rochelle, N.Y.: Arlington House, 1960.

vos económicos o políticos. Precisamente los sindicatos más poderosos, cuyos salarios tal vez necesitarían algún ajuste, insistirán en que sus ingresos se incrementen al menos en proporción a cualquier aumento del índice del costo de vida. Si prevalece la demanda de estos sindicatos, el equilibrio actual entre dichos costos y los salarios clave –considerado poco viable para una pronta reanudación de la actividad económica– permanecerá inalterado. De hecho, la estructura salarial podría distorsionarse aún más: la gran masa de trabajadores no sindicados, cuyos salarios incluso antes de la inflación no superaban lo normal (y en algunos casos podían haber sido excesivamente deprimidos por el exclusivismo sindical), se verá aún más perjudicada durante la transición debido al aumento de precios.

5

En pocas palabras, los más refinados defensores de la inflación incurren en una profunda hipocresía. No presentan sus argumentos con sinceridad y acaban por engañarse incluso a sí mismos. Comienzan a hablar del papel moneda como los más ingenuos inflacionistas, como si se tratara de una forma de riqueza que pudiera crearse a voluntad imprimiendo dinero. Llegan incluso a debatir con aire de solemnidad sobre la existencia de un supuesto «multiplicador» que, por arte de magia, transformaría cada dólar emitido e invertido por el Estado en el equivalente a varios dólares añadidos a la riqueza nacional.

En una palabra, desvían tanto la atención pública como la suya propia de las verdaderas causas de cualquier depresión económica. Y esas causas, en la mayoría de los casos, radican en un desajuste dentro de la estructura salario–costo–precio: un desequilibrio entre salarios y precios, entre los precios de las materias primas y los de los productos terminados, o entre distintos niveles de precios o salarios. En determinado momento, estos desajustes eliminan el incentivo para producir o hacen imposible la continuidad de la producción, propagándose la depresión como consecuencia de la interdependencia orgánica de nuestra economía de mercado. Hasta que tales desequilibrios no se corrijan, será imposible restablecer plenamente la producción y el empleo.

Aunque es cierto que, en ocasiones, la inflación puede contribuir a corregir ciertos desequilibrios, se trata de un método arriesgado y peligroso, pues rara vez realiza dichas correcciones de manera abierta y honesta: más bien envuelve todo el proceso económico en un velo de ilusión. Confunde y engaña a casi todos, incluso a quienes sufren directamente sus consecuencias. Estamos habituados a medir nuestros ingresos y riqueza en términos monetarios, y ese hábito mental es tan poderoso que ni siquiera los economistas y estadísticos profesionales logran desprenderse completamente de él. No resulta sencillo percibir las relaciones económicas en términos de bienes reales y de bienestar efectivo. ¿Quién no se siente más próspero cuando le dicen que la renta nacional se ha duplicado –en dólares, por supuesto– respecto a algún período anterior a la inflación? Incluso el trabajador que antes ganaba 75 dólares a la semana y ahora percibe 120 puede creer que su situación ha mejorado, aunque todo le cueste el doble que antes. Es cierto que no ignora el aumento del costo de la vida, pero tampoco es plenamente consciente de su verdadera posición, como lo sería si los precios se hubiesen mantenido estables y su salario se redujera nominalmente hasta reflejar el mismo poder adquisitivo que hoy tiene, disminuido por la inflación. La inflación es autosugestión, hipnosis, anestesia: un alivio ilusorio frente al dolor de la operación. La inflación es, en última instancia, el opio del pueblo.

6

Y ésa es precisamente su función política. Los gobiernos modernos, fieles defensores de la llamada «economía planificada», recurren de forma tan constante a la inflación porque ésta confunde todo el proceso económico. En el capítulo 4, por ejemplo, señalamos que la creencia de que las obras públicas crean necesariamente nuevos empleos es falsa. Si el dinero se obtiene mediante impuestos, como vimos entonces, por cada dólar que el Estado gasta en obras públicas, los contribuyentes disponen de un dólar menos para satisfacer sus propias necesidades. En consecuencia, por cada empleo creado en el sector público, se destruye otro en la industria privada.

Pero vamos a suponer que las obras públicas no se financian con ingresos procedentes de los impuestos. Imaginemos que se financian mediante el déficit, es decir, recurriendo a préstamos del gobierno o simplemente a la impresión de nuevo papel moneda. En tal caso, el resultado que acabamos de describir no parece producirse. Las obras públicas parecen surgir gracias a un supuesto «nuevo poder adquisitivo». No da la impresión de que se haya quitado nada a los contribuyentes. Por el momento, el país parece haber obtenido algo a cambio de nada.

Pero ahora, de acuerdo con nuestra lección, detengámonos a examinar las consecuencias a largo plazo. El préstamo debe ser reembolsado algún día. El Estado no puede seguir acumulando deuda indefinidamente; porque si lo intenta, tarde o temprano deberá declararse en quiebra. Como observó Adam Smith en 1776:

> Cuando las deudas nacionales han alcanzado cierto grado de acumulación, apenas existe, según creo, un solo ejemplo de que se hayan pagado justa y completamente. La liberación de los ingresos públicos, si alguna vez se ha conseguido, siempre ha sido resultado de una bancarrota: a veces una bancarrota confesada, pero siempre una bancarrota real, aunque con frecuencia disimulada bajo la apariencia de un pago simulado.

Sin embargo, cuando el gobierno decide reembolsar la deuda acumulada como consecuencia de las obras públicas, inevitablemente se ve obligado a imponer a la comunidad una carga fiscal aún mayor que el monto de los gastos originalmente efectuados. En esta fase final, por tanto, termina destruyendo más empleos de los que en un principio creó. Los impuestos excesivos necesarios para saldar esa deuda no sólo reducen el poder adquisitivo, sino que además debilitan o anulan los incentivos a la producción, con lo cual se menoscaban tanto la riqueza nacional como la renta total del país.

La única manera de escapar a esta conclusión sería suponer, como suelen hacer siempre los defensores del gasto público, que los políticos en el poder solo recurrirán al gasto deficitario durante los períodos de depresión o «deflacionarios», y que procederán a pagar la deuda rápidamente durante los períodos de auge o «inflacionarios». Sin embargo, esta suposición no es más que una ficción interesada, y la experiencia demuestra que los gobiernos jamás han actuado de ese modo. En el terreno económico, las previsiones sobre el futuro inmediato son siempre inciertas, y las presiones políticas que rodean las decisiones fiscales hacen prácticamente imposible que los gobernantes se comporten con semejante disciplina. Una vez emprendida, la financiación mediante déficit engendra poderosos intereses privados que, habiendo prosperado bajo su amparo, reclaman su continuidad sin importar las circunstancias.

Si no se hace un intento honesto de liquidar la deuda acumulada y, en su lugar, se recurre a la inflación directa, las consecuencias serán precisamente las que ya hemos descrito. Ninguna nación puede obtener algo a cambio de nada: siempre hay un precio que pagar. La inflación, en esencia, no es otra cosa que una forma de tributación, y tal vez la peor de todas: una que suele golpear con mayor dureza a quienes menos recursos poseen. Pero incluso si admitiéramos que la inflación afecta a todos por igual (lo cual, como hemos visto, nunca sucede), en tal caso equivaldría simplemente a un impuesto sobre el consumo, que gravaría con el mismo porcentaje tanto los productos básicos –como el pan o la leche– como los artículos de lujo –como los diamantes o las pieles finas–. También podría compararse con un impuesto uniforme sobre los ingresos, sin deducciones ni exenciones, aplicado a todos los miembros de la comunidad. Pero su efecto va aún más allá: es un impuesto no sólo sobre el consumo, sino también sobre el ahorro y hasta sobre los seguros de vida. En realidad, constituye un gravamen fijo sobre el capital, donde el pobre termina pagando proporcionalmente tanto como el rico.

Pero la situación es aún más grave, porque, como hemos visto, la inflación no afecta –ni puede afectar– a todos por igual. Algunos sectores sufren más que otros. Los pobres suelen soportar una carga proporcionalmente mayor que los ricos, dado que no cuentan con los mismos medios para protegerse mediante inversiones especulativas en activos reales. La inflación se comporta como un impuesto fuera del control de las autoridades fiscales: actúa de manera indiscriminada y descontrolada. Además, la tasa de este impuesto no es fija: no puede determinarse de antemano. Podemos saber cuál es hoy, pero ignoramos cuál será mañana, y mañana no sabremos cuál será pasado mañana.

Al igual que cualquier otro impuesto, la inflación condiciona las decisiones individuales y empresariales que todos nos vemos obligados a adoptar. Desalienta la prudencia y el ahorro, y fomenta el derroche, la especulación y el desperdicio imprudente en todas sus formas. Con frecuencia, convierte la especulación en una actividad más rentable que el esfuerzo productivo, minando así el tejido de relaciones económicas estables. Las injusticias que genera son difíciles de justificar y llevan a los individuos a buscar soluciones desesperadas. De este modo, siembra las semillas del fascismo y del comunismo, al fomentar la demanda de controles totalitarios. Finalmente, la inflación conduce inevitablemente a una amarga desilusión y al colapso de la economía.

Capítulo 24

La ofensiva contra el ahorro

Desde tiempos inmemoriales, la sabiduría popular ha exaltado las virtudes del ahorro y advertido sobre las consecuencias de la prodigalidad y el despilfarro. Esta sabiduría proverbial refleja tanto los principios de la ética común como los juicios puramente prudenciales de la humanidad. No obstante, también es cierto que los derrochadores nunca han faltado, y que, al parecer, siempre han existido teóricos que buscan justificar racionalmente su despilfarro.

Los economistas clásicos, al refutar las falacias de su época, demostraron que la política del ahorro que beneficiaba al individuo era también lo más conveniente para la nación. Mostraron que el ahorrador consciente, al preocuparse de sus necesidades futuras, no perjudicaba, sino que ayudaba a toda la sociedad. Sin embargo, hoy en día, la antigua virtud de la prudencia económica, así como su defensa por parte de los economistas clásicos, vuelve a ser atacada, supuestamente por razones nuevas, mientras que la doctrina contraria, la del gasto indiscriminado, se ha puesto de moda.

Para dejar lo más claro posible el tema fundamental, no hay mejor manera que comenzar con el ejemplo clásico usado por Bastiat. Imaginemos, pues, a dos hermanos, uno derrochador y el otro prudente, cada uno de los cuales ha heredado una suma que le proporciona una renta anual de 50 000 dólares. Prescindiremos en la explicación del impuesto sobre la renta y de si ambos hermanos deberían trabajar para ganarse la vida o destinar la mayor parte de sus ingresos a la caridad, ya que tales cuestiones son irrelevantes para nuestro actual propósito.

Uno de los hermanos, Alvin, es un derrochador. Gasta no sólo por temperamento, sino por principios. Es un discípulo (sin ir más lejos) de Rodbertus, quien declaró a mediados del siglo XIX que los capitalistas «deben gastar sus rentas hasta el último céntimo en comodidades y lujos», puesto que si «deciden ahorrar [...] los bienes se acumulan y parte de los trabajadores se quedará sin trabajo».[16] Alvin suele frecuentar clubes nocturnos, da generosas propinas, mantiene un tren de vida pretencioso, tiene muchos sirvientes y un par de chóferes, y no escatima en el número de sus automóviles; tiene una cuadra de caballos de carrera, posee un yate, viaja continuamente, colma a su esposa de brazaletes de diamantes y abrigos de piel, y hace regalos carísimos e inútiles a sus amigos.

Para llevar a cabo todo esto, debe recurrir a su capital. ¿Pero qué importancia tiene eso? Si el ahorro es considerado un pecado, entonces el derroche debería ser una virtud; y, en cualquier caso, simplemente está compensando el perjuicio causado por el ahorrador, su hermano tacaño Benjamín.

Cabe señalar que Alvin es el gran favorito de sombrereras, camareros, propietarios de restaurantes, peleteros, joyeros y empleados de todo tipo de establecimientos de lujo. Lo ven como un benefactor público: todos coinciden en que crea empleo y reparte su dinero con prodigalidad.

En comparación, su hermano Benjamin es mucho menos popular. Rara vez se le ve en joyerías, peleterías o clubes nocturnos, y no suele llamar a los camareros por su nombre de pila. Mientras que Alvin gasta no sólo los 50 000 dólares de su renta anual, sino también una parte de su capital, Benjamin vive de forma mucho más modesta, gastando únicamente unos 25 000 dólares anuales. Obviamente, para quienes sólo miran lo que tienen frente a sus ojos, Benjamin proporciona menos de la mitad de empleos que Alvin, y los otros 25 000 dólares de ahorro les parecen tan improductivos como si no existieran.

---

16. Rodbertus, Karl, *Oberproduction and Crises.* 1850, pág. 51.

Ahora bien, examinemos lo que Benjamin hace realmente con esos otros 25 000 dólares. No los acumula en su cartera, escritorio o caja fuerte, sino que los deposita en un banco o los invierte. Si los deposita en un banco comercial o de ahorros, éste presta ese dinero a empresas en funcionamiento a corto plazo, como capital de explotación, o lo utiliza para adquirir valores. En otras palabras, Benjamin está invirtiendo su dinero, directa o indirectamente. Y cuando se invierte, el dinero sirve para comprar o construir bienes de capital: casas, edificios de oficinas, fábricas, barcos, camiones o maquinaria. Cada uno de estos proyectos pone en circulación dinero y genera tanto empleo como si la misma cantidad se hubiera gastado directamente en bienes de consumo.

En resumen, el *«ahorro», en el mundo moderno, es simplemente otra forma de gasto.* La diferencia principal radica en que el dinero se transfiere a otra persona para que lo invierta en medios que incrementen la producción. En cuanto a la generación de empleo, el ahorro y gasto de Benjamin, combinados, producen tanto empleo como el gasto exclusivo de Alvin, poniendo en circulación la misma cantidad de dinero. La diferencia esencial es que el empleo generado por el gasto de Alvin es visible a simple vista, mientras que para reconocer que cada dólar ahorrado por Benjamin genera tanto empleo como cada dólar que Alvin derrocha, es necesario observar con más atención y reflexionar un momento.

Han transcurrido doce años. Alvin está arruinado: ya no frecuenta clubes nocturnos ni locales de moda. Aquellos que se beneficiaban de su generosidad hablan de él de manera negativa, llegando incluso a calificarlo de insensato. Le escribe cartas de mendicidad a Benjamin. Mientras tanto, éste, que mantiene aproximadamente la misma proporción entre gasto y ahorro, proporciona ahora más empleo que nunca, gracias al aumento de sus rentas mediante las inversiones. Su capital y sus ingresos también se han incrementado. En resumen, ha contribuido al aumento de la renta nacional; Alvin, no.

2

En los últimos años han surgido tantas falacias sobre el ahorro que no es posible refutarlas todas únicamente con nuestro ejemplo de los dos hermanos. Por ello, merecen un tratamiento más amplio. Muchas de estas falacias derivan de confusiones tan elementales que resultan casi inverosímiles, sobre todo cuando aparecen en obras de economistas de renombre. Por ejemplo, la palabra *ahorro* se utiliza a veces para referirse simplemente al atesoramiento de dinero, y en otras ocasiones como sinónimo de inversión, sin que se haga una distinción clara y consistente entre ambas acepciones.

El mero acaparamiento de dinero, si se realiza de manera arbitraria, sin motivo y a gran escala, resulta perjudicial en la mayoría de las situaciones económicas. Sin embargo, este tipo de acaparamiento es extremadamente raro. Algo similar, aunque diferente y que debe distinguirse con mucho cuidado, suele producirse al *inicio* de una recesión económica. Tanto el gasto de consumo como la inversión se contraen. Los consumidores reducen sus compras no porque deseen consumir menos, sino por temor a perder sus empleos, con el fin de conservar sus recursos y prolongar su capacidad de consumo en caso de desempleo.

Pero los consumidores reducen sus compras por otra razón: los precios de los bienes probablemente han bajado y temen una nueva caída. Al aplazar el gasto, creen que obtendrán más por su dinero. No buscan invertir sus recursos en bienes cuyo valor está disminuyendo, sino en dinero, cuyo valor relativo respecto a esos bienes esperan que aumente.

Esta misma expectativa frena sus posibles inversiones. Han perdido la confianza en la rentabilidad de los negocios o, al menos, creen que si esperan unos meses, podrán adquirir acciones o bonos a un precio más bajo. Podríamos decir que se resisten a poseer bienes cuyo valor pueda disminuir o que reservan su dinero con la esperanza de una futura apreciación.

Es un error llamar «ahorro» a esta resistencia temporal a gastar. No surge de los mismos motivos que el auténtico ahorro. Y es un error aún más grave afirmar que este tipo de «ahorro» sea la *causa* de las depresiones; al contrario, es una de sus *consecuencias*.

Es cierto que esta negativa a comprar puede intensificar y prolongar una depresión. En los momentos en que existe una intervención arbitraria del gobierno en los negocios, y cuando las empresas no saben qué hará éste a continuación, se genera una situación de incertidumbre. Los beneficios dejan de reinvertirse. Las empresas y los particulares permiten que sus saldos de efectivo se acumulen en los bancos y deciden mantener mayores reservas para hacer frente a posibles contingencias. Este atesoramiento de moneda puede parecer la causa de una posterior desaceleración de la actividad económica. Sin embargo, la verdadera causa es la incertidumbre provocada por la intervención estatal. Los mayores efectivos en metálico de empresas y particulares no son más que un eslabón en la cadena de consecuencias derivadas de dicha incertidumbre. Culpar al «exceso de ahorro» de la depresión sería como culpar de la caída del precio de las manzanas no a una cosecha abundante, sino a la gente que se niega a pagar más por ellas.

Una vez que la sociedad decide censurar una práctica o una institución, cualquier argumento en su contra, por más ilógico que pueda ser, se considera válido. Se sostiene que las distintas industrias de bienes de consumo dependen de una demanda prevista y que, si las personas comienzan a ahorrar, dicha demanda no llega a materializarse, provocando así una depresión económica. Este razonamiento se basa, fundamentalmente, en el error que ya hemos analizado: se olvida que el dinero no gastado en bienes de consumo se destina a bienes de producción, y que «ahorrar» no implica de manera necesaria una reducción equivalente del gasto *total.* La única parte cierta de esa afirmación es que *cualquier* cambio *repentino* puede resultar perturbador. Sería igualmente inquietante si los consumidores desviaran de forma súbita su demanda de un bien de consumo hacia otro. Aún más desestabilizador sería que los antiguos ahorradores trasladaran de pronto su demanda de bienes de producción a bienes de consumo.

Aún se formula otra objeción al ahorro: se le tilda de una evidente necedad. El siglo XIX suele ser ridiculizado por haber promovido, supuestamente, la doctrina de que la humanidad, mediante el ahorro, debía dedicarse a elaborar un pastel cada vez más grande sin llegar nunca a comérselo. Esta representación del proceso es, en sí misma, ingenua y simplista. Tal vez podamos comprender mejor la realidad si recurrimos a una metáfora algo más fiel a lo que verdaderamente ocurre.

Imaginemos un país que, de forma colectiva, ahorra cada año alrededor del 20 % de todo lo que produce. Este porcentaje supera con creces el nivel de ahorro registrado históricamente en Estados Unidos, por ejemplo, pero se trata de una cifra redonda y manejable, que además concede el beneficio de la duda a quienes sostienen que hemos estado ahorrando en exceso.

Pues bien, como resultado de este ahorro e inversión, la producción total del país aumentará cada año. (Para simplificar el problema, ignoraremos por el momento las alzas y bajas en los negocios y otras fluctuaciones). Supongamos que este incremento anual de la producción es de 2,5 %. (Se toman puntos porcentuales en lugar del interés compuesto simplemente para simplificar las operaciones aritméticas). El resultado que obtenemos para un período de once años, por ejemplo, expresado en números índices, sería como sigue:

Año	Producción total	Bienes de consumo	Bienes de producción
Primero	100	80	20*
Segundo	102,5	82	20,5
Tercero	105	84	21
Cuarto	107,5	86	21,5
Quinto	110	88	22
Sexto	112,5	90	22,5
Séptimo	115	92	23
Octavo	117,5	94	23,5
Noveno	120	96	24
Décimo	122,5	98	24,5
Undécimo	125	100	25

* Esto, por supuesto, supone que el proceso de ahorro e inversión ya se encontraba en marcha y avanzaba al mismo ritmo.

Lo primero que cabe señalar en relación con esta tabla es que el aumento anual de la producción total *se debe al ahorro,* sin el cual dicho incremento no habría tenido lugar. (Ciertamente, puede imaginarse que las mejoras técnicas y los nuevos inventos, aplicados únicamente a la *sustitución* de maquinaria y otros bienes de producción de un valor no superior al anterior, elevarían la productividad nacional; pero este aumento sería mínimo y, en cualquier caso, el argumento presupone una inversión *previa* suficiente que hubiera hecho posible la maquinaria actualmente existente). El ahorro se ha destinado, año tras año, a incrementar la cantidad o mejorar la calidad de la maquinaria disponible, y con ello a aumentar la producción nacional de bienes. Es cierto –si por alguna razón peculiar se considerara esto una objeción– que cada año existe un «pastel» mayor. Es cierto también que no se consume *íntegramente* el pastel producido en cada período. Sin embargo, no existe una restricción irracional ni acumulativa del consumo. De hecho, cada año se consume una porción del pastel cada vez mayor, hasta que, al cabo de once años (en nuestro ejemplo), la porción anual destinada a los consumidores equivale por sí sola al pastel combinado de consumidores y productores del primer año. Además, el equipo de capital –es decir, la capacidad de producir bienes– es, en ese punto, un 25 % superior al del año inicial.

Consideremos ahora algunas circunstancias adicionales. El hecho de que el 20 % de la renta nacional se destine cada año al ahorro no afecta a las industrias productoras de bienes de consumo. Si éstas vendieron sólo las ochenta unidades producidas en el primer año (y no se produjera un aumento de precios debido a una demanda insatisfecha), difícilmente serían tan imprudentes como para planificar su producción sobre la base de que venderán cien unidades en el segundo año. En otras palabras, las industrias de bienes de consumo *operan* bajo el supuesto de que el nivel de ahorro se mantendrá constante. Sólo un *incremento repentino e inesperado* del ahorro podría provocar perturbaciones y generar una acumulación de mercancías sin vender.

Pero la misma inestabilidad –como ya hemos señalado– se manifestaría en las *industrias de bienes de producción* ante una *disminución* repentina y sustancial del ahorro. Si el dinero que antes se destinaba al ahorro se utilizara ahora para adquirir bienes de consumo, ello no generaría un aumento del empleo, sino únicamente un alza en los precios de los bienes de consumo y una caída en los de los bienes de producción. En primer lugar, esta alteración modificaría la distribución del empleo, *reduciéndolo* temporalmente al afectar a las industrias dedicadas a la producción de bienes de producción. A largo plazo, las consecuencias serían aún más graves: la capacidad productiva se vería reducida por debajo del nivel que, de no haberse producido ese cambio, se habría podido alcanzar.

3

Los enemigos del ahorro no se rinden con facilidad. Comienzan estableciendo una distinción –bastante razonable, en principio– entre «ahorro» e «inversión». Pero pronto empiezan a tratarlos como si fueran dos variables independientes, y como si fuera pura coincidencia que en algún momento lleguen a igualarse. De este modo, presentan un cuadro casi apocalíptico: por un lado, los ahorradores, que continúan acumulando dinero de manera automática, inútil y torpe; por el otro, las supuestas y limitadas «oportunidades de inversión», incapaces de absorber ese ahorro. El resultado, según ellos, es el estancamiento de la economía. La única solución, afirman, consiste en que el gobierno confisque esos ahorros estúpidos y perjudiciales para emprender sus propios proyectos –aunque se trate de obras sin sentido, como fosos o pirámides inútiles– con el fin de gastar el dinero y crear empleo.

Hay tanta falsedad en esta visión y en su pretendida «solución» que sólo podemos señalar aquí algunas de las falacias más evidentes. El ahorro únicamente puede superar a la inversión en la medida en que parte de él se atesore en forma de dinero en efectivo.[17] Son muy pocas

17. Muchas de las diferencias entre los economistas respecto a las diversas opiniones expresadas actualmente sobre este tema son simplemente el resultado de diferencias en la definición. El *ahorro* y la *inversión* pueden definirse de manera que resulten idénticos y, por lo tanto, necesariamente iguales. Aquí he optado por definir el *ahorro* en términos monetarios y la inversión en términos de mercancías. Esto se corresponde aproximadamente con el uso común de estos términos, que, sin embargo, no siempre es el más adecuado.

las personas que, en una comunidad industrial moderna, acumulan monedas o billetes en el interior de una media o bajo el colchón. En la escasa medida en que esto ocurre, ya está contemplado en los planes de producción de las empresas y en el nivel general de precios. Además, este fenómeno rara vez tiene un carácter acumulativo: el atesoramiento cesa cuando muere la persona excéntrica que lo practicaba, y sus ahorros se descubren y redistribuyen, compensando probablemente cualquier nuevo caso de atesoramiento. En realidad, la cantidad total afectada es tan pequeña que su impacto sobre la actividad económica resulta prácticamente insignificante.

Si el dinero se deposita en cajas de ahorro o en bancos comerciales, como ya hemos visto, estas instituciones lo prestan o invierten con rapidez, pues mantener fondos inactivos no les resulta rentable. Lo único que, por lo general, lleva a las personas a aumentar sus reservas de efectivo y a los bancos a conservar fondos ociosos –renunciando así a percibir intereses– es, como hemos señalado, el temor a una caída de los precios o el miedo de las entidades financieras a asumir riesgos excesivos con su capital. Esto significa, en realidad, que las primeras señales de una depresión ya han hecho su aparición y que son ellas las que provocan el atesoramiento, y no que el atesoramiento sea la causa inicial de la depresión.

Aparte de este insignificante acaparamiento de dinero (y aún este caso podría considerarse una «inversión» directa en efectivo), el equilibrio entre ahorro e inversión se alcanza mediante un mecanismo análogo al que regula el precio de cualquier otra mercancía a través del libre juego de la oferta y la demanda. Podemos, en efecto, definir el ahorro y la inversión como la oferta y la demanda de nuevo capital. Así como la oferta y la demanda de cualquier otra mercancía se igualan a través del precio, la oferta y la demanda de capital se equilibran mediante los tipos de interés. El tipo de interés no es más que la denominación específica del precio del capital prestado: un precio como cualquier otro.

Todo este asunto se ha enredado tanto en los últimos años, debido a complejas retóricas y desastrosas políticas gubernamentales basadas en ellas, que uno casi pierde la esperanza de recuperar el sentido común y la sensatez. Existe un temor casi patológico hacia los tipos de interés «excesivos». Se sostiene que, si las tasas son demasiado altas, a la industria no le resultará rentable endeudarse ni invertir en nuevas instalaciones o maquinaria. Este argumento ha sido tan influyente que, en las últimas décadas, los gobiernos de todo el mundo han adoptado políticas de «dinero barato» de manera artificial. Sin embargo, quienes piensan de este modo, movidos únicamente por su preocupación de incrementar la demanda de capital, desatienden las consecuencias que tal política puede tener sobre la oferta de capital. Es un ejemplo más del error de centrarse únicamente en los efectos de una medida sobre un grupo, ignorando sus repercusiones sobre todos los demás.

Si los tipos de interés se mantienen artificialmente demasiado bajos en relación con los riesgos, tanto el ahorro como el crédito se verán reducidos. Los defensores del «dinero barato» sostienen que el ahorro se produce de manera automática, sin que el tipo de interés tenga influencia, bajo la idea de que los ricos, saciados, no tendrían otra cosa que hacer con su dinero. A menudo hacen constantes referencias, sin precisar cifras, a un nivel de ingresos determinado que supuestamente obligaría a quienes lo superaran a ahorrar una cantidad mínima, independientemente del tipo de interés o del riesgo que asuma el prestamista.

Lo cierto es que, aunque el volumen de ahorro de los más ricos se ve proporcionalmente menos afectado que el de quienes tienen ingresos moderados ante cambios en el tipo de interés, prácticamente todo el mundo experimenta algún grado de influencia. Argumentar, basándose en un ejemplo extremo, que una rebaja sustancial del tipo de interés no reduciría el volumen de ahorro real es como afirmar que la producción total de azúcar no se vería afectada por una caída significativa de su precio, dado que los productores más eficientes, capaces de elaborar el producto a bajo coste, seguirían obteniendo los mismos ingresos que antes. Este razonamiento pasa por alto al ahorrador modesto e, incluso, de hecho, a la gran mayoría de quienes ahorran.

Mantener los tipos de interés artificialmente bajos produce los mismos efectos que cualquier otra fijación de precios por debajo de su nivel natural de mercado: incrementa la demanda y reduce la oferta. En este caso, aumenta la demanda de capital y disminuye la oferta de capital real, generando distorsiones económicas. No cabe duda de que una reducción artificial del tipo de interés fomenta el endeudamiento. De hecho, tiende a promover proyectos altamente especulativos, incapaces de sobrevivir cuando desaparecen las condiciones artificiales que los originaron. En cuanto a la oferta, una rebaja artificial de los tipos desincentiva tanto el ahorro como la inversión normal. Esto reduce la acumulación de capital y frena el incremento de la productividad, ese «crecimiento económico» que los llamados «progresistas» aseguran ansiar tanto.

De hecho, el tipo de interés monetario sólo puede mantenerse artificialmente bajo mediante nuevas inyecciones de dinero o crédito bancario, en lugar de basarse en ahorro real. Esto puede crear la ilusión de un capital mayor, de manera análoga a cómo añadir agua da la impresión de que hay más leche. Sin embargo, se trata de una política de inflación persistente, un proceso que no hace más que acumular riesgos. El tipo de interés monetario acabará por subir, y se producirá una crisis si la inflación se revierte, se detiene o incluso se mantiene a un ritmo menor.

Cabe señalar que, si bien las nuevas inyecciones de dinero o crédito bancario pueden generar temporalmente tasas de interés más bajas, la persistencia de este mecanismo acaba por *elevarlas*. Esto se debe a que tales inyecciones tienden a reducir el poder adquisitivo del dinero. Los prestamistas, al darse cuenta de que el dinero que prestan hoy tendrá menos valor dentro de un año, por ejemplo, cuando lo recuperen, añaden a la tasa de interés normal una prima que compense la pérdida esperada en el poder adquisitivo. El nivel de esta prima puede ser elevado, dependiendo del grado de inflación anticipada. Así, la tasa anual de los bonos del Tesoro británico alcanzó el 14% en 1976; los bonos del gobierno italiano rindieron un 16% en 1977, y la tasa de descuento del Banco Central de Chile se disparó al 75% en 1974. En resumen, las políticas de dinero barato terminan provocando fluctuaciones económicas mucho más violentas que aquellas que pretendían remediar o prevenir.

Si no se intenta manipular los tipos de interés mediante políticas gubernamentales inflacionarias, el aumento del ahorro genera por sí mismo su propia demanda al reducir naturalmente el tipo de interés.

La mayor oferta de capital en busca de inversión obliga a los ahorradores a aceptar un tipo de interés más bajo. Esto implica que un mayor número de empresas podrá acceder a créditos, ya que las perspectivas de obtener beneficios con la nueva maquinaria o las fábricas adquiridas con esos fondos compensarán el costo de los préstamos recibidos.

4

Llegamos así a la última falacia sobre el ahorro que deseo examinar. Se trata de la creencia frecuente de que existe un límite fijo a la cantidad de nuevo capital que puede absorberse, o incluso de que dicho límite ya se ha alcanzado. Resulta difícil de entender que esta opinión persista incluso entre los no especializados, y mucho menos que sea sostenida por economistas con formación. Prácticamente toda la riqueza del mundo actual, aquello que lo distingue del mundo preindustrial del siglo XVII, consiste en el capital acumulado.

Este capital está compuesto, en parte, por numerosos bienes que podrían considerarse bienes de consumo duraderos: automóviles, frigoríficos, muebles, escuelas, universidades, iglesias, bibliotecas, hospitales y, sobre todo, viviendas. Nunca en la historia de la humanidad ha habido suficientes viviendas. Incluso si existieran en cantidad suficiente desde un punto de vista puramente numérico, las mejoras *cualitativas* son posibles y deseables sin límite alguno, salvo en el caso de las más lujosas.

La segunda parte del capital es lo que podríamos llamar capital propiamente dicho. Se trata de los recursos de producción, que abarcan desde el hacha, el cuchillo o el arado más rudimentarios hasta la maquinaria más sofisticada, el generador eléctrico o ciclotrón más potente, o la fábrica mejor equipada. En este caso tampoco existe un límite, ni cuantitativo ni –sobre todo– cualitativo, para la expansión posible y deseable. No habrá un «exceso» de capital hasta que el país menos desarrollado esté tan tecnológicamente equipado como el más avanzado, hasta que la fábrica más ineficiente de Estados Unidos, por ejemplo, alcance el nivel de la más moderna y mejor equipada, y hasta que las herramientas de producción hayan llegado a un punto en que el ingenio humano no pueda mejorarlas más. Mientras alguna de estas condiciones no se cumpla, existirá espacio ilimitado para acumular capital adicional.

Ahora bien, ¿cómo puede «absorberse» el capital adicional? ¿Cómo puede «pagarse»? Si se reserva y se ahorra, se absorberá y se pagará a sí mismo. Los empresarios invierten en nuevos instrumentos de producción, es decir, adquieren herramientas más nuevas, mejores y más ingeniosas, porque permiten *reducir los costos de producción*. Crean productos que la mano de obra, sin apoyo técnico, sería incapaz de elaborar –hoy en día, esto incluye la mayoría de los objetos que nos rodean: libros, máquinas de escribir, automóviles, locomotoras, puentes colgantes–, o bien aumentan considerablemente las cantidades que pueden producirse; o, dicho de otro modo, reducen los costos unitarios de producción. Y dado que no existe un límite predeterminado a la reducción de estos costos –hasta que todo pudiera producirse sin costo alguno–, tampoco hay un límite definido para la cantidad de nuevo capital que se puede absorber.

La reducción constante de los costos unitarios de producción mediante la incorporación de nuevo capital produce uno de estos dos efectos, o ambos a la vez: disminuye el precio de los productos para los consumidores y aumenta los salarios de los trabajadores que operan la nueva maquinaria, al incrementar su productividad. De este modo, una nueva máquina beneficia tanto a quienes trabajan directamente con ella como al conjunto de los consumidores. En el caso de estos últimos, les proporciona más y mejores productos al mismo precio o, lo que equivale, eleva sus ingresos reales. Para los trabajadores que utilizan las nuevas máquinas, el aumento del salario es doble: incrementa sus ingresos en efectivo y su poder adquisitivo. Un ejemplo típico lo encontramos en la industria automovilística estadounidense. Ésta paga los salarios más altos del mundo, e incluso los más elevados dentro del propio país.

Sin embargo, hasta aproximadamente 1960, los fabricantes de automóviles podían vender a precios más bajos que en cualquier otra parte del mundo, porque su costo unitario era menor. El secreto residía en que el capital invertido en la fabricación de cada automóvil y por cada trabajador era mayor que en cualquier otra industria o país.

Y, sin embargo, hay quienes sostienen que hemos llegado al final de este proceso,[18] mientras que otros opinan que, incluso si aún no se ha alcanzado ese límite, resulta un error mayúsculo que el mundo continúe ahorrando y añadiendo nuevas reservas al capital acumulado.

No debería resultar difícil determinar, tras nuestro análisis anterior, en quién recae la verdadera locura.

(Es indudable que Estados Unidos ha ido perdiendo su liderazgo económico mundial en los últimos años, pero debido a nuestras propias políticas gubernamentales anticapitalistas, y no por una supuesta «madurez económica»).

---

18. Para una refutación estadística de esta falacia, *vedse* Terborgh, George, *The Bogey of Economic Maturity* (1945). Los «estancacionistas» a los que refutaba el Dr. Terborgh han sido sucedidos por los galbraithianos, que sostienen una doctrina similar.

Capítulo 25

La lección reformulada

La ciencia económica, como hemos destacado en numerosas ocasiones, consiste en reconocer las consecuencias *secundarias*. También se ocupa de prever los efectos *generales*. Es la disciplina que analiza los resultados de una determinada política, ya sea propuesta o existente, no sólo a *corto plazo* y en relación con algún grupo de intereses *particulares,* sino también *a largo plazo* y considerando el interés *general* de toda la colectividad.

Ésta es la lección que se ha convertido en el tema central de este libro. La presentamos inicialmente de manera esquemática, para luego completarla con numerosos casos prácticos que ilustran su aplicación.

Sin embargo, a lo largo de estas ilustraciones concretas, surgieron otras enseñanzas de carácter general, a las que conviene referirse ahora de manera más precisa.

Al constatar que la economía es una ciencia que se ocupa de las consecuencias, debemos haber advertido que, al igual que sucede con la lógica y las matemáticas, se trata de una disciplina que reconoce las *implicaciones* inevitables.

Podemos ilustrar esto con una ecuación elemental de álgebra. Supongamos que $x = 5$ y que $x + y = 12$. La «solución» de esta ecuación es que $y = 7$; pero esto es así precisamente porque la ecuación nos indica, de manera implícita, que y debe ser igual a 7. No lo afirma de forma directa, pero lo implica de manera inevitable.

Lo que es cierto en esta ecuación elemental también se aplica a las ecuaciones matemáticas más complejas y abstractas. La solución ya está implícita en el enunciado del problema. El resultado, ciertamente, a veces puede sorprender de manera deslumbrante a quien resuelve la ecuación. Incluso puede experimentar la sensación de haber descubierto algo completamente nuevo, similar a la emoción que siente un aficionado a la astronomía al observar un nuevo planeta en su radar. Esa sensación de descubrimiento se justifica por las implicaciones teóricas o prácticas de la solución encontrada. Sin embargo, la respuesta ya estaba contenida en la formulación del problema; simplemente no se había reconocido de inmediato. Las matemáticas nos recuerdan que las implicaciones inevitables no siempre son evidentes.

Todo esto es igual de cierto en el caso de la economía. En este sentido, la economía puede compararse también con la ingeniería. Cuando un ingeniero, se enfrenta a un problema, primero debe recopilar todos los datos relevantes. Si diseña un puente para unir dos puntos, necesita conocer la distancia exacta entre ellos, la topografía del terreno, la carga máxima que el puente deberá soportar, la resistencia a la tensión y compresión del acero u otros materiales utilizados, así como las fuerzas y presiones a las que estará sometido. Gran parte de esta información ya ha sido recopilada por otros. Asimismo, sus predecesores desarrollaron complejas ecuaciones matemáticas que permiten, conociendo la resistencia de los materiales y las tensiones esperadas, determinar el diámetro, la forma, el número y la estructura de pilares, cables y vigas.

Asímismo, el economista, al enfrentarse a un problema práctico, debe conocer tanto los datos esenciales de su planteamiento como las deducciones válidas que pueden inferirse. El aspecto deductivo de la economía es tan importante como el conocimiento de los hechos. Se puede decir de ella lo que Santayana afirma sobre la lógica (y lo que podría aplicarse a las matemáticas): que «señala la irradiación de la verdad», de modo que «cuando se conoce el contenido fáctico de uno de los términos de una proposición lógica, la totalidad del sistema vinculado a este término se vuelve, por así decirlo, incandescente».[19]

---

19. Santayana, George, *The Realm of Truth,* 1938, pág. 16.

Ahora bien, son pocas las personas capaces de reconocer las implicaciones inevitables de las afirmaciones económicas que constantemente formulan. Cuando sostienen que la salvación económica reside en el aumento del crédito, es como si afirmaran que la solución del problema económico consiste en incrementar la deuda: ambas expresiones son simplemente diferentes formas de referirse a lo mismo, vistas desde perspectivas opuestas. Cuando aseguran que el secreto de la prosperidad radica en elevar los precios agrícolas, en realidad están diciendo que, para alcanzar la prosperidad, es necesario encarecer los alimentos para el trabajador urbano. Cuando proclaman que para impulsar la riqueza nacional debe incrementarse el gasto público, en esencia están defendiendo un aumento de la presión fiscal. Cuando establecen como uno de sus objetivos principales el incremento de las exportaciones, la mayoría no advierte que, en última instancia, también implica necesariamente un aumento de las importaciones. Y cuando afirman, en casi todas las circunstancias, que para lograr la recuperación económica es necesario subir los salarios, simplemente han encontrado otra manera de expresar que la recuperación depende del incremento de los costos de producción.

Esto no implica que estas propuestas sean siempre incorrectas, porque, al igual que la moneda, tenga su lado opuesto, o porque la versión equivalente del remedio suene menos atractiva que la propuesta original. Puede haber situaciones en las que un aumento de la deuda sea un problema menor frente a los beneficios obtenidos con los fondos anticipados; cuando una subvención estatal sea necesaria para cumplir un objetivo militar específico, o cuando una industria pueda asumir un incremento en sus costos de producción, entre otros casos. Pero debemos asegurarnos en cada caso de haber considerado ambos lados de la moneda y de haber evaluado todas las implicaciones de una propuesta. Y esto, por desgracia, rara vez se hace.

2

El análisis de los casos prácticos ha dejado otra lección adicional: al estudiar los efectos de diversas propuestas, no sólo a corto plazo y sobre un grupo determinado de intereses, sino también a largo plazo y en relación con toda la colectividad, las conclusiones a las que llegamos suelen coincidir con el sentido común más evidente. A nadie con un mínimo conocimiento de economía le parecería deseable romper cristales o destruir ciudades; ni que crear proyectos públicos innecesarios sea un despilfarro; ni que sea peligroso reincorporar al trabajo a grupos de hombres inactivos; ni que las máquinas que aumentan la producción de riqueza y reducen el esfuerzo humano sean temibles; ni que los obstáculos a la libre producción y al libre consumo aumenten la riqueza; ni que una nación se enriquezca obligando a otras a adquirir sus bienes por menos de lo que cuesta producirlos; ni que ahorrar sea una tontería o un acto perverso; ni que el derroche traiga prosperidad.

«Lo que es prudencia en la conducta de cualquier familia –dijo el firme sentido común de Adam Smith en respuesta a los sofistas de su tiempo– difícilmente puede ser locura en el gobierno de un gran reino». Sin embargo, las mentes menos capaces se pierden ante las complicaciones y no reexaminan su razonamiento, ni siquiera cuando llegan a conclusiones claramente absurdas. El lector, según sus propias convicciones, puede o no aceptar el aforismo de Bacon: «Un poco de filosofía inclina la mente humana al ateísmo, pero la profundidad filosófica la conduce a la religión». No obstante, es cierto que un conocimiento superficial de economía puede llevar fácilmente a las conclusiones paradójicas y absurdas que hemos reiterado, mientras que un estudio más riguroso devuelve a la gente el sentido común. Esto se debe a que el análisis económico profundo consiste en examinar todas las consecuencias de una política, en lugar de limitarse a las que son inmediatamente visibles.

3

En el curso de nuestro estudio, también hemos redescubierto a un viejo amigo, el Hombre Olvidado de William Graham Sumner. El lector recordará el ensayo de Sumner, publicado en 1883:

> Tan pronto como A observa algo que le parece injusto y cuyas consecuencias las está sufriendo X, A lo habla con B, y ambos proponen entonces aprobar una ley destinada a remediar el mal y ayudar a X. Su ley siempre propone determinar lo que C debe hacer por X o, en el mejor de los casos, lo que A, B y C deben hacer por X... Lo que deseo es llamar la atención sobre C... Le llamo el Hombre Olvidado... Es el hombre en quien nunca se piensa. Es víctima de reformadores, especuladores sociales y filántropos, y espero demostrarles antes de terminar que merece su atención tanto por su carácter como por las muchas cargas que debe soportar.

Es una ironía histórica que, cuando esta frase –el Hombre Olvidado– resurgió en la década de 1930, no se aplicara a C, sino a X; y, sin embargo, C, a quien entonces se le pedía mantener a aún más individuos X, quedó más olvidado que nunca. Es C, el Hombre Olvidado, a quien siempre se le solicita que apacigüe la ira del político, pagando con creces la generosidad que se le otorga de manera indirecta.

4

Nuestro estudio de la lección no estaría completo si, antes de concluir, no señaláramos que la falacia fundamental que hemos examinado hasta ahora no surge de manera accidental, sino sistemática. De hecho, es un resultado casi inevitable de la división del trabajo.

En una comunidad primitiva, o entre pioneros, antes de que apareciera la división del trabajo, un individuo trabajaba únicamente para sí mismo o para sus familiares más cercanos. Lo que consumía era idéntico a lo que producía, existiendo siempre una conexión directa e inmediata entre su producción y la satisfacción de sus necesidades.

Pero cuando se establece una división del trabajo compleja y elaborada, esta conexión directa e inmediata deja de existir. Yo no fabrico todos los bienes que consumo, sino quizá solo uno de ellos. Con los ingresos que obtengo de la producción de este único producto o de la prestación de este único servicio, compro todo lo que necesito. Deseo que el precio de lo que compro sea bajo, pero me conviene que el precio del producto que vendo o del servicio que presto sea alto. Por lo tanto, aunque quiero que haya abundancia en todo lo demás, me favorece que exista escasez precisamente en aquello que me corresponde suministrar. Cuanto mayor sea la escasez del bien o servicio que ofrezco, en comparación con la oferta de todo lo demás, mayor será la recompensa que podré obtener por mis esfuerzos.

Esto no significa necesariamente que deba limitar mis propios servicios o mi producción. De hecho, si soy sólo uno entre muchos que suministran ese producto o servicio, y existe libre competencia en mi sector, esa restricción individual no me beneficiará. Por el contrario, si cultivo trigo, por ejemplo, querré que mi propia cosecha sea lo más abundante posible. Pero si sólo me preocupa mi bienestar material y carezco de escrúpulos humanitarios, también desearé que la producción de todos los demás agricultores de trigo sea lo más baja posible; porque quiero que haya escasez de trigo (y de cualquier alimento que pueda sustituirlo) para que mi cosecha particular alcance el precio más alto posible.

Normalmente, estos sentimientos egoístas no afectarán a la producción total de trigo. De hecho, en un entorno competitivo, cada productor se ve obligado a esforzarse al máximo para obtener de sus tierras la mayor cosecha posible. De este modo, las fuerzas del egoísmo individual –que, para bien o para mal, son más persistentemente poderosas que las del altruismo– se aprovechan para maximizar la producción.

Pero si los productores de trigo, o cualquier otro grupo de productores, logran ponerse de acuerdo para eliminar la competencia, y el Estado permite o incluso fomenta tal proceder, la situación cambia por completo. Los productores podrían persuadir al gobierno nacional –o, mejor aún, a una organización internacional– para que obligue a todos a reducir proporcionalmente la superficie dedicada al cultivo de trigo. De este modo, se generaría escasez y aumentaría el precio; y si dicho aumento es proporcionalmente mayor que la reducción de la producción, como bien podría suceder, los productores de trigo en conjunto saldrían ganando. Obtendrían más dinero y podrían comprar una mayor cantidad de otros bienes. Sin embargo, el resto de la sociedad saldría perjudicado, ya que, en igualdad de condiciones, todos tendrían que pagar más por lo que consumen y recibir menos a cambio de lo que producen. En consecuencia, la nación en su conjunto sería más pobre; y esa pérdida se mediría por la cantidad de trigo que no se ha cultivado. Pero quienes sólo ponen la mirada en los productores de trigo verán una ganancia, pasando por alto las pérdidas que la superan con creces.

Esto puede aplicarse a todos los demás sectores de la economía. Si, debido a unas condiciones meteorológicas excepcionales, se produce una súbita superproducción de naranjas, todos los consumidores se beneficiarán.

El mundo será más rico gracias a ese excedente de naranjas. Los precios bajarán. Sin embargo, ese mismo fenómeno puede hacer que los cultivadores de naranjas, como grupo, sean más pobres que antes, a menos que el aumento en la cantidad producida compense o supere la caída del precio. Y, desde luego, si mi cosecha particular no ha sido mayor de lo habitual, seguramente sufriré pérdidas a causa del descenso general de precios provocado por la abundancia.

Lo que es aplicable a los cambios en la oferta lo es igualmente a los cambios en la demanda, ya sean resultado de nuevos avances y descubrimientos o de una modificación en los gustos de los consumidores. Una nueva máquina para cosechar algodón, aunque reduzca el costo de la ropa interior y las camisas para todos, aumentando así la riqueza general, provocará el desempleo de muchos recolectores. Una nueva máquina textil capaz de fabricar telas de mejor calidad y a un ritmo más rápido dejará obsoletas miles de máquinas antiguas, depreciando el capital invertido en ellas y empobreciendo a sus propietarios. De igual modo, un mayor desarrollo de la energía nuclear, que podría aportar beneficios incalculables a la humanidad, es motivo de temor para los propietarios de minas de carbón y pozos petrolíferos.

Así como no existe avance técnico que no perjudique a alguien, tampoco hay cambio en los gustos o en las costumbres públicas –por beneficioso que sea– que no cause perjuicio a ciertos individuos. Una mayor sobriedad dejaría sin empleo a miles de camareros. Un descenso en la afición por el juego obligaría a los *crupieres* y corredores de apuestas a buscar ocupaciones más productivas. Y un aumento de la castidad masculina arruinaría la profesión más antigua del mundo.

Pero no sólo quienes viven de los vicios humanos saldrían perjudicados por una súbita mejora de la moral pública. Entre los más afectados estarían, paradójicamente, aquellos cuyo trabajo consiste precisamente en mejorarla. Los predicadores tendrían menos materia sobre la que predicar; los reformadores perderían la demanda de sus servicios y los donativos que los sostienen disminuiría. Si no existieran criminales, harían falta menos abogados, jueces y bomberos; no habría necesidad de carceleros, cerrajeros, ni siquiera de policías (salvo quizá para dirigir el tráfico).

En resumen, en un sistema basado en la división del trabajo, resulta difícil imaginar un aumento en la satisfacción de cualquier necesidad humana que no perjudique, al menos temporalmente, a quienes han invertido capital o adquirido habilidades específicas para satisfacerla. Si el progreso se produjera de manera perfectamente uniforme en todos los sectores, este conflicto entre los intereses de la comunidad en general y los de los grupos especializados no representaría un problema serio, si acaso llegara a percibirse. Si, en el mismo año en que aumentara la cosecha mundial de trigo, mi propia producción creciera en la misma proporción; si las cosechas de naranjas y de todos los demás productos agrícolas también aumentaran por igual, y si la producción industrial se incrementara en la misma medida reduciendo los costos unitarios, entonces yo, como productor de trigo, no tendría motivos de queja. Es posible que el precio por *bushel* de trigo descendiera y que mis ingresos totales fueran algo menores, pero si al mismo tiempo puedo adquirir los bienes de los demás a precios más bajos, mi situación real no empeoraría. Si el precio de todo disminuyera exactamente en la misma proporción que el de mi trigo, mi posición mejoraría en la medida en que aumentara mi cosecha, y todos los demás se beneficiarían de modo equivalente del incremento general en la oferta de bienes y servicios.

Sin embargo, el progreso económico nunca ha ocurrido, ni es probable que ocurra, de manera completamente uniforme. El avance se da primero en una rama de la producción y más tarde en otra. Si se produce un aumento repentino en la oferta del producto que yo ayudo a fabricar, o si un nuevo invento o descubrimiento vuelve innecesario aquello que produzco, entonces lo que representa una ganancia para el mundo entero se convierte, para mí y para el grupo de productores al que pertenezco, en una auténtica tragedia.

Sin embargo, la ganancia difusa que trae consigo una mayor oferta o un nuevo descubrimiento impresiona mucho menos al observador imparcial que la pérdida concentrada. Nadie se detiene a pensar que ahora hay más café y que todos pueden comprarlo más barato; lo que se ve es un grupo de caficultores que ya no pueden ganarse la vida con ese precio tan bajo. Se olvida que una nueva máquina permite fabricar zapatos a menor costo y en mayor cantidad; lo que salta a la vista es un grupo de obreros que ha perdido su empleo. Es natural –e incluso necesario para comprender plenamente el problema– reconocer los perjuicios que sufren esos sectores y tratar de mitigarlos, procurando que parte de los beneficios del progreso técnico se destinen a ayudar a sus víctimas a encontrar una ocupación productiva en otros campos.

Nunca será solución reducir arbitrariamente la oferta, frenar el progreso técnico o forzar a la gente a prestar servicios inútiles. Sin embargo, esto se ha intentado una y otra vez mediante barreras aduaneras, la destrucción de maquinaria, la quema de café y otros mil métodos que restringen la producción y el comercio. Ésta es la insensata doctrina de pretender enriquecerse mediante la escasez.

Esta doctrina puede parecer cierta, lamentablemente, desde la perspectiva particular de un sector económico específico, siempre que le sea posible provocar escasez de la mercancía que produce y vende, mientras que la oferta de los demás bienes que consume se mantenga abundante. Sin embargo, si consideramos el interés general de toda la colectividad, resulta siempre perjudicial. Nunca podría aplicarse simultáneamente a todas las actividades y sectores productivos, pues eso equivaldría a un suicidio económico.

Ésta es nuestra lección, expuesta en términos generales. Muchas de las conclusiones que se derivan de centrarse únicamente en un grupo determinado de intereses económicos resultan ilusorias cuando se contrastan con el interés general de la comunidad, no sólo como productores, sino también como consumidores.

Examinar los problemas en su totalidad y no de manera fragmentaria: ése es el objetivo de la ciencia económica.

TERCERA PARTE

La lección
treinta años después

Capítulo 26

La lección treinta años después

La primera edición de este libro se publicó en 1946. Ahora, mientras escribo estas líneas, han transcurrido treinta y dos años. Surge entonces la siguiente pregunta: ¿cuánto de la lección expuesta en las páginas anteriores se ha asimilado durante todo este tiempo?

Si hablamos de los políticos –todos aquellos responsables de diseñar e implementar políticas gubernamentales–, puede afirmarse que prácticamente no se ha aprendido nada. Por el contrario, las políticas analizadas en los capítulos anteriores están hoy mucho más arraigadas y difundidas, no sólo en Estados Unidos, sino también en casi todos los países del mundo, que en el momento de la publicación original de este libro.

Podemos tomar como ejemplo paradigmático la inflación. Ésta no es simplemente una política adoptada de manera aislada, sino que constituye el resultado inevitable de la mayoría de las demás políticas intervencionistas. Hoy en día, se ha convertido en un símbolo universal de la intervención gubernamental en todo el mundo.

La edición de 1946 ya explicaba las consecuencias de la inflación, aunque en aquel entonces su magnitud era relativamente moderada. Para contextualizar, los gastos del gobierno federal en 1926 fueron inferiores a 3000 millones de dólares, con un superávit. Para el año fiscal de 1946, los gastos habían ascendido a 5500 millones de dólares, registrándose un déficit de 16 000 millones. Tras el fin de la guerra, en el año fiscal de 1947, los gastos cayeron a 35 000 millones de dólares y se obtuvo un superávit real de casi 4000 millones. Sin embargo, para el año fiscal de 1978, los gastos se habían disparado hasta 451 000 millones de dólares, con un déficit de 49 000 millones.

Todo esto ha ido acompañado de un enorme incremento del volumen de dinero en circulación: pasó de 113 000 millones de dólares en depósitos a la vista más efectivo fuera de los bancos en 1947, a 35 700 millones de dólares en agosto de 1978. En otras palabras, la oferta monetaria activa se ha más que triplicado durante este período.

El efecto de este incremento de la masa monetaria se ha traducido en un drástico aumento de los precios. El índice de precios al consumo, que en 1946 se situaba en 58,5, alcanzó, en septiembre de 1978, el valor de 199,3. En otras palabras, los precios se triplicaron con creces durante este período.

La política inflacionaria, como he señalado, se impone en parte por sí misma. Más de cuarenta años después de la publicación de la *Teoría General* de John Maynard Keynes, y más de veinte años después de que sus postulados fueran completamente desacreditados por el análisis y la experiencia, un gran número de políticos continúa recomendando persistentemente un aumento del gasto deficitario para remediar o reducir el desempleo existente. La ironía es terrible: realizan estas recomendaciones cuando el gobierno federal ya ha registrado déficit en cuarenta y uno de los últimos cuarenta y ocho años, hasta alcanzar cifras de incluso 50 000 millones de dólares anuales.

La ironía es aún mayor: no contentos con aplicar políticas tan desastrosas en casa, nuestros funcionarios han estado reprendiendo a otros países –especialmente a Alemania y Japón– por no seguir estas políticas «expansivas». Esto recuerda inevitablemente al zorro de Esopo, que, al perder la cola, instaba a todos los demás zorros a cortarse la suya.

Uno de los peores efectos de la perpetuación de los mitos keynesianos es que no sólo fomenta una inflación creciente, sino que además desvía sistemáticamente la atención de las verdaderas causas del desempleo, como los salarios excesivos producto de la actividad sindical, las leyes de salario mínimo, los seguros de desempleo prolongados y generosos, y otras prestaciones sociales excesivas.

Pero la inflación, aunque en parte a menudo deliberada, es hoy principalmente consecuencia de otras intervenciones económicas del gobierno. Es, en resumen, el resultado del Estado Redistributivo: de todas esas políticas que expropian dinero a Pedro para derrocharlo en beneficio de Pablo.

Este proceso sería más fácil de rastrear, y sus ruinosos efectos más evidentes, si se implementara en una sola medida, como la renta anual garantizada que fue propuesta y seriamente considerada por los comités del Congreso a principios de la década de 1970. La propuesta consistía en gravar de manera aún más severa todos los ingresos superiores a la media y transferir esos fondos a quienes vivían por debajo del denominado umbral de la pobreza, garantizándoles unos ingresos –estuvieran o no dispuestos a trabajar– que les «permitieran vivir con dignidad». Resulta difícil imaginar un plan más claramente diseñado para desincentivar el empleo y la producción y, a la larga, empobrecer a todo el mundo.

Pero, en lugar de aprobar una sola medida de este tipo y arruinar la economía de una vez por todas, el gobierno estadounidense ha optado por promulgar decenas de leyes que aplican la redistribución de manera parcial y selectiva. Estas políticas pueden pasar por alto a algunos grupos necesitados, mientras que otros reciben simultáneamente múltiples beneficios, subvenciones y ayudas diversas. Entre ellos se incluyen, por mencionar algunos: Seguridad Social, *Medicare, Medicaid,* seguro de desempleo, cupones de alimentos, beneficios para veteranos, subsidios agrícolas, vivienda subsidiada, ayudas para el alquiler, almuerzos escolares, empleo público en trabajos improvisados, Ayuda a Familias con Niños Dependientes y asistencia directa de todo tipo, incluyendo ayuda a ancianos, ciegos y personas con diversas discapacidades. Según estimaciones del gobierno federal, bajo estas últimas categorías se habrían otorgado beneficios a más de 4 millones de personas, sin contar las ayudas proporcionadas por los estados y las ciudades.

Un autor ha contabilizado y examinado recientemente no menos de cuarenta y cuatro programas de asistencia social. Los gastos gubernamentales destinados a estos programas ascendieron en 1976 a un total de 187 000 millones de dólares. Entre 1971 y 1976, el crecimiento medio combinado de estos programas fue del 25 % anual, es decir, dos veces y media superior a la tasa de crecimiento del producto nacional bruto estimado para el mismo período. Para 1979, los gastos sociales proyectados superan los 250 000 millones de dólares. Coincidiendo con este extraordinario aumento del gasto público, se ha desarrollado una «industria nacional del bienestar», compuesta por 5 millones de trabajadores públicos y privados que distribuyen pagos y servicios a 50 millones de beneficiarios.[20]

Casi todos los demás países occidentales han implementado una gama similar de programas de asistencia, aunque en ocasiones con un sistema de recaudación más integrado y menos disperso. Para financiar estos programas, han recurrido a impuestos cada vez más gravosos.

Basta con citar a Gran Bretaña como ejemplo. Su gobierno ha gravado los ingresos personales derivados del trabajo (ingresos «devengados») hasta en un 83 %, y los ingresos provenientes de inversiones (ingresos «no devengados») hasta en un 98 %. ¿Debería sorprender, entonces, que esto desincentive tanto el trabajo como la inversión, y por consiguiente, la producción y el empleo? No hay forma más eficaz de desincentivar el empleo que acosar y penalizar a los empresarios, ni manera más segura de mantener bajos los salarios que eliminar todo incentivo para invertir en maquinaria y herramientas nuevas y más eficientes. Sin embargo, esta política se está consolidando cada vez más entre los gobiernos de todo el mundo.

No obstante, estos impuestos draconianos no han producido ingresos que acompañen el ritmo del gasto público cada vez más imprudente ni de los planes de redistribución de la riqueza. El resultado ha sido un déficit presupuestario crónico y creciente, y, en consecuencia, una inflación sostenida y en aumento en casi todos los países del mundo.

Durante aproximadamente los últimos treinta años, Citibank, de Nueva York, se ha dedicado a registrar la inflación en períodos de diez años, basándose en las estimaciones del costo de la vida publicadas por los propios gobiernos. En su carta económica de octubre de 1977, pre-

---

20. Hobbs, Charles D., *The Welfare Industry*, Washington, D.C.: Heritage Foundation, 1978.

sentó un estudio sobre la inflación en cincuenta países. Las cifras muestran que, en 1976, por ejemplo, el marco alemán de Alemania Occidental, con el mejor historial, había perdido un 35 % de su poder adquisitivo durante los diez años anteriores; el franco suizo un 40 %, el dólar estadounidense un 43 %, el franco francés un 50 %, el yen japonés un 57 %, la corona sueca un 47 %, la lira italiana un 56 % y la libra esterlina un 61 %. En América Latina, el cruceiro brasileño había perdido un 89 % de su valor, y los pesos uruguayo, chileno y argentino más del 99 %.

Sin embargo, en comparación con el registro de uno o dos años antes, el historial general de depreciaciones monetarias a nivel mundial fue más moderado. En 1977, el dólar estadounidense se depreciaba a una tasa anual del 6 %, el franco francés del 8,6 %, el yen japonés del 9,1 %, la corona sueca del 9,5 %, la libra esterlina del 14,5 %, la lira italiana del 15,7 % y la peseta española del 17,5 %. En América Latina, la moneda brasileña se depreciaba ese año al 30,8 % *anual,* la uruguaya al 35,5 %, la chilena al 53,9 % y la argentina al 65,7 %.

Dejo al lector la tarea de imaginar el caos que estos índices de depreciación monetaria estaban produciendo en las economías de estos países y el sufrimiento en las vidas de millones de sus habitantes.

Como he señalado antes, todos estos casos inflacionarios, responsables por sí mismos de tanta miseria humana, fueron en gran medida consecuencia de otras políticas de intervención económica estatal. Prácticamente todas estas intervenciones ilustran y subrayan, aunque de manera involuntaria, la lección fundamental de este libro: se implementaron bajo el supuesto de que brindarían algún beneficio inmediato a algún grupo específico, sin que quienes las promovieron consideraran las consecuencias secundarias ni su efecto a largo plazo sobre todos los sectores de la sociedad.

En resumen, en lo que respecta a los políticos, la lección que este libro trató de impartir hace más de treinta años no parece haber calado lo más mínimo.

Si examinamos los capítulos de este libro uno por uno, constatamos que prácticamente ninguna de las formas de intervención estatal que desaprobamos en la primera edición ha dejado de aplicarse; por el contrario, muchas se mantienen con creciente obstinación. Los gobiernos de todo el mundo continúan intentando remediar el desempleo generado por sus propias políticas mediante el fomento de las obras públicas. Imponen impuestos cada vez más altos y confiscatorios. Persisten en recomendar la expansión del crédito. La mayoría sigue considerando el «pleno empleo» como su objetivo primordial. Mantienen cuotas de importación y aranceles proteccionistas. Procuran aumentar las exportaciones mediante una mayor depreciación de sus monedas. Los agricultores continúan «luchando» por obtener «la paridad de precios». Los gobiernos siguen ofreciendo incentivos especiales a industrias no rentables y se esfuerzan por «estabilizar» los precios de productos básicos.

Los gobiernos, responsables de inflar los precios de los productos básicos, continúan culpando de estas alzas a productores, comerciantes y «especuladores» privados. Imponen topes a los precios del petróleo y del gas natural justo cuando más se debería incentivar la exploración; recurren a la regulación o «control» general de precios y salarios; y mantienen el control del precio de los alquileres a pesar de la evidente devastación que provocan. No sólo conservan las leyes de salario mínimo, sino que siguen elevando sus niveles, incluso frente al desempleo crónico que generan. Aprueban leyes que otorgan privilegios e inmunidades especiales a los sindicatos, obligan a los trabajadores a afiliarse, toleran piquetes masivos y otras formas de coerción, y fuerzan a los empresarios a «negociar colectivamente de buena fe» con dichos sindicatos, es decir, a ceder en parte a sus demandas. Si bien la intención de estas medidas es «ayudar a los trabajadores», el resultado real es, una vez más, prolongar el desempleo y reducir los salarios totales en comparación con lo que podrían haber sido.

La mayoría de los políticos continúan desestimando la importancia de los beneficios, sobrestimando su valor medio o total, denunciando cualquier ganancia excepcional que aparezca, gravando excesivamente los beneficios y, en ocasiones, llegando incluso a cuestionar la legitimidad misma de su existencia.

La mentalidad anticapitalista parece estar más arraigada que nunca. Ante cualquier desaceleración económica, los políticos tienden a atribuirla principalmente a un «insuficiente gasto por parte del consumidor». Al mismo tiempo que promueven un mayor gasto por parte de los consumidores, implementan una serie de incentivos y penalizaciones que afectan tanto al ahorro como a la inversión. Su principal herramienta para lograrlo, como hemos visto, es fomentar o acelerar la inflación. Como resultado, por primera vez en la historia, ninguna nación mantiene un patrón monetario metálico, y prácticamente todas están estafando a su propio pueblo imprimiendo más papel moneda que se deprecia de manera crónica.

Para añadir un elemento más a esta lista, conviene examinar la reciente tendencia, no sólo en Estados Unidos, sino también en otros países, de que prácticamente todos los programas «sociales», una vez implementados, se descontrolan por completo. Ya hemos observado el panorama general; ahora centrémonos en un ejemplo destacado: la Seguridad Social en Estados Unidos.

La Ley Federal de la Seguridad Social se aprobó en el año 1935. La idea subyacente era que gran parte del problema asistencial residía en que muchas personas no ahorraban durante su vida laboral y, al llegar a la vejez, se encontraban sin recursos. Se suponía que esta situación podría resolverse obligando a las personas a asegurarse, con la contribución de los empresarios cubriendo la mitad de las primas necesarias, de modo que los trabajadores tuvieran derecho a una pensión suficiente al jubilarse a los 65 años o más. La Seguridad Social se diseñó como un sistema de seguro autofinanciado, siguiendo principios actuariales claros, con un fondo de reserva suficiente para pagar en el futuro las pensiones y beneficios cuando correspondiera.

Sin embargo, nunca operó de esa manera. El fondo de reserva existía principalmente de manera nominal; el gobierno empleaba los ingresos fiscales de la Seguridad Social a medida que se recaudaban, ya fuera para sufragar gastos corrientes o para abonar las prestaciones. Desde 1975, los pagos de beneficios han superado sistemáticamente la recaudación del sistema.

Además, ocurrió que casi en cada legislatura el Congreso hallaba formas de incrementar las prestaciones, ampliar la cobertura y agregar nuevas modalidades de «seguro social». Como observó un comentarista en 1965, apenas semanas después de la incorporación del seguro Medicare: «En cada uno de los últimos siete años de elecciones generales se han aprobado mejoras adicionales a la Seguridad Social».

A medida que la inflación avanzaba, las prestaciones de la Seguridad Social se incrementaron no sólo de forma proporcional, sino en una medida mucho mayor. La estrategia política habitual consistía en elevar las prestaciones en el presente, posponiendo los costos para el futuro. No obstante, ese futuro inevitablemente llegaba, y cada pocos años el Congreso debía aumentar de nuevo los impuestos aplicados a las nóminas, tanto de trabajadores como de empresarios.

No sólo aumentaron de manera continua las tasas impositivas, sino que también se incrementó progresivamente la cantidad de salarios sujetos a gravamen. En el proyecto de ley original de 1935, sólo estaban gravados los primeros 3000 dólares del salario, y las tasas iniciales eran muy bajas. Sin embargo, entre 1965 y 1977, el impuesto a la Seguridad Social pasó del 4,4 % sobre los primeros 6600 dólares de ingresos laborales (tanto para empleadores como para empleados) a un 11,7 % combinado sobre los primeros 16 500 dólares. Entre 1960 y 1977, el impuesto anual total aumentó un 572 %, lo que equivale a un crecimiento compuesto de aproximadamente un 12 % anual, y se prevé que continúe aumentando de manera significativa.

A principios de 1977, los pasivos no financiados del sistema de la Seguridad Social se estimaban oficialmente en 4,1 billones de dólares.

Hoy en día, resulta difícil clasificar la Seguridad Social como un verdadero programa de seguros o simplemente como un sistema de asistencia complejo y desequilibrado. A la mayoría de los beneficiarios se les asegura que «ganaron» y «pagaron» sus prestaciones, pero ninguna compañía privada de seguros podría sostener los niveles de pago actuales con las primas realmente recaudadas. A principios de 1978, los jubilados con salarios bajos recibían prestaciones mensuales equivalentes aproximadamente al 60 % de sus ingresos previos; los trabajadores de ingresos medios, alrededor del 45 %; y los de ingresos muy altos, apenas entre el 5 y el 10 %. Si se analiza como un sistema de asistencia, resulta curioso que los mayores beneficiarios sean quienes ya percibían los salarios más elevados.

No obstante, la Seguridad Social mantiene hoy un estatus intocable. Para cualquier congresista, proponer recortar las prestaciones actuales o futuras se considera un suicidio político. El sistema estadounidense se erige así como un ejemplo emblemático –y aleccionador– de cómo cualquier programa nacional de asistencia, redistribución o «seguro», una vez implementado, tiende a salirse de control.

En síntesis, el principal desafío al que nos enfrentamos hoy no es de índole económica, sino política. La mayoría de los economistas serios coinciden en cuáles deberían ser las acciones correctas. Casi todos los intentos gubernamentales de redistribuir la riqueza y la renta tienden a erosionar los incentivos de la producción y, a la larga, empobrecen a la sociedad en su conjunto. El papel del gobierno debe limitarse a establecer y hacer cumplir un marco legal que prohíba la fuerza y el fraude, absteniéndose de intervenciones económicas específicas. Su función económica primordial consiste en proteger y promover el libre mercado. Como se relata en la anécdota entre Alejandro Magno y Diógenes, cuando el conquistador preguntó si podía hacer algo por él, Diógenes respondió: «Sí, apártese un poco del sol». Esto resume lo que todo ciudadano tiene derecho a esperar de su gobierno.

El panorama puede parecer sombrío, pero no es completamente desesperanzador. De vez en cuando, se vislumbra un rayo de claridad. Cada vez más personas comprenden que el gobierno no puede dar nada sin antes quitárselo a otros, o incluso a sí mismo. El incremento de ayudas a grupos selectos no hace más que traducirse en mayores impuestos o en déficits más altos y, por ende, en mayor inflación. Y la inflación, al final, distorsiona y desorganiza la producción. Incluso algunos políticos comienzan a reconocer esta realidad, y algunos lo expresan con claridad.

Además, existen señales claras de un cambio de tendencia en la corriente intelectual dominante. Los keynesianos y los defensores del New Deal parecen estar retrocediendo lentamente. Por su parte, conservadores, libertarios y otros defensores de la libre empresa se muestran cada vez más francos y elocuentes, y su número no deja de crecer. Entre los jóvenes, la escuela disciplinada de economistas «austriacos» experimenta un rápido auge.

Esto sugiere una promesa real: las políticas públicas podrían corregirse antes de que el daño acumulado por las medidas y tendencias actuales se vuelva irreversible.

Nota bibliográfica

Quienes deseen profundizar en el estudio de la economía deberían acudir a obras de extensión y nivel de complejidad intermedios. No conozco ningún volumen actualmente disponible que satisfaga por completo esta necesidad, aunque existen varios que, en conjunto, la cubren de manera adecuada. Existe un excelente libro breve (126 páginas), escrito por Faustino Ballvé, *Fundamentos de la ciencia económica* (Unión Editorial, Madrid), que resume brevemente tanto sus principios como sus políticas. Un libro de mayor extensión (327 páginas) es *Understanding the Dollar Crisis,* de Percy L. Greaves (Belmont, Massachusetts, Western Islands, 1973). Bettina Bien Greaves ha recopilado dos volúmenes de lecturas sobre *Free Market Economics* (Foundation for Economic Education).

El lector que aspire a una comprensión profunda y se sienta preparado para ello debería leer, a continuación, *La acción humana,* de Ludwig von Mises (Unión Editorial, Madrid, 2024, 1068 páginas). Este libro amplió la unidad lógica y la precisión de la economía más allá de lo alcanzado por cualquier obra anterior. Una obra en dos volúmenes escrita trece años después de la anterior por un discípulo de Mises es *El hombre, la economía y el estado,* de Murray N. Rothbard (Unión Editorial, Madrid, 2013, 1176 páginas), la cual contiene abundante material original y de gran profundidad; su exposición es admirablemente clara, y su organización lo hace, en ciertos aspectos, más adecuado para su uso como libro de texto que la gran obra de Mises.

Entre los libros breves que abordan temas económicos específicos de forma sencilla se encuentran *Planificación para la libertad,* de Ludwig von Mises (Unión Editorial, Madrid, 1986), y *Capitalismo y libertad,* de Milton Friedman (Deusto, 2022). Existe un excelente folleto de Murray N. Rothbard, *¿Qué le hizo el gobierno a nuestro dinero?* (Unión Editorial, Madrid, 2019, 164 páginas). Sobre el urgente tema de la inflación, recientemente se ha publicado un libro del autor del presente libro titulado *The Inflation Crisis, and How to Resolve It* (New Rochelle, Nueva York, Arlington House, 1978).

Entre las obras recientes que analizan las ideologías y la actual evolución del tema desde un punto de vista similar al de este volumen están *The Failure of the «New Economics»: An Analysis of the Keynesian Fallacies* (Arlington House, 1959), escrita por el autor de este libro; *Camino de servidumbre* (2011) y la monumental *Los fundamentos de la libertad* (Unión Editorial, Madrid, 2020), ambas de F. A. Hayek. *El socialismo: Análisis económico y sociológico,* de Ludwig von Mises (Unión Editorial, Madrid, 2020), es la crítica más exhaustiva y demoledora de las doctrinas colectivistas jamás escrita.

El lector no debe olvidar, por supuesto, los *Sofismas económicos* de Frederic Bastiat (2022), y, en particular, su ensayo sobre «Lo que se ve y lo que no se ve».

Aquellos interesados en estudiar los clásicos de la economía podrían considerar más provechoso hacerlo en orden inverso al de su aparición histórica. Presentadas en este orden, las principales obras a consultar, con las fechas de su primera publicación, son: *The Common Sense of Political Economy,* de Philip Wicksteed (1911); *The Distribution of Wealth,* de John Bates Clark (1899); *Teoría del Capital,* de Eugen von Böhm-Bawerk (1888); *Principios de Economía Política,* de Karl Menger (1871); *La teoría de la economía política,* de W. Stanley Jevons (1871); *Principios de economía política,* de John Stuart Mill (1848); *Principios de economía política y tributación* de David Ricardo (1817), y *La riqueza de las naciones,* de Adam Smith (1776).

La economía se extiende en innumerables direcciones. Se han escrito infinidad de obras sobre temas tan especializados como dinero y banca, comercio exterior y cambio de divisas, fiscalidad y finanzas públicas, control gubernamental, capitalismo y socialismo, salarios y relaciones laborales, interés y capital, economía agrícola, renta, precios, beneficios, mercados, competencia y monopolio, valor y utilidad, estadística, ciclos económicos, riqueza y pobreza, seguros sociales, vivienda, servicios públicos, economía matemática, estudios de industrias específicas y de la historia económica. Sin embargo, nadie podrá comprender adecuadamente ninguno de estos campos si antes no ha adquirido un firme conocimiento de los principios económicos básicos y de la compleja interacción que se produce entre los diversos factores y fuerzas económicas. Cuando haya adquirido este conocimiento a través de lecturas sobre economía general, estará en condiciones de elegir con criterio los libros más apropiados en su área especializada de interés.

Índice analítico

A
acero Bessemer 55
American Scholar 12
Anderson, Benjamin M. 189, 197
Arkwright, sir Richard 54
Ayuda a Familias con Niños Dependientes 223

B
Bacon, Francis 212
Ballvé, Faustino 231
Bastiat, Frederic 10, 23, 195, 232
bonos del gobierno italiano 205
bonos del Tesoro británico 205

C
Chile, banco central de 205
Citibank 224
Clark, John Bates 232
Cohen, Morris, R. 10
Comité de Procedimiento Administrativo del Fiscal General 66
Comité Nacional Económico Temporal (TNEC) 56
Critics of Keynesian Economics, The 189

D
depresión de 1932 56
desempleo; subsidio de 64
Douglas, Major 11
Douglas, Paul H. 170, 171

E
economía crusoniana 113
economistas «austriacos» 229
economistas, clásicos, vs. «Nuevos» economistas 17, 18, 28, 63, 167, 195, 232
Edwards, Corwin 56

F
Felkin, William 54
financiamiento deficitario 72
Friedman, Milton 231

G
General Motors 176
Greaves, Bettina Bien 231
Greaves, Percy L. 231

H
Hamilton, Alexander 133
Hansen, Alvin 11
Hayek, F. A. 232
Hobbs, Charles D. 224
Home Owners Loan Corporation 50

I
impuestos draconianos 224
impuesto sobre la renta en Gran Bretaña 39, 176, 195
índice de precios al consumo 222
inflación 10, 11, 26, 29, 32, 43, 69, 99, 101, 128, 136, 138, 141, 142, 158, 165, 175, 181, 182, 183, 185, 186,

187, 188, 189, 190, 191, 193, 194, 205, 221, 222, 223, 224, 225, 227, 228, 229, 232
Inflation Crisis, and How to Resolve It 184

J
Jevons, W. Stanley 232
Junta de Regulación de los Ferrocarriles Nacionales 66

K
Keynes, John Maynard 222
Knight, Frank H. 177

L
Ley del Carbón Bituminoso de 1937 106
Ley federal de salario y jornada laboral 67
Ley Guffey 106
Ley Wagner-Taft-Hartley 159

M
Macaulay, Thomas 27
Marshall, Alfred 189
Marx, Karl 11
Medicaid 223
Medicare 223, 228
Menger, Karl 232
Mill, John Stuart 28, 96, 189, 232
Myrdal, Gunnar 57

N
New Deal 50, 98, 229
New Leader 12
New York Times 12, 100

O
Oficina de Administración de Precios 129
Oficina de Estadísticas Laborales 165

P
patrón oro 92, 188
Pigou, A. C. 170, 171
plan AAA 102
precios y salarios funcionales 167
programa de «ayuda económica exterior» 95

R
Reconstruction Finance Corporation 50
Revolución Industrial 54, 62, 63
Ricardo, David 232
Rodbertus, Karl 196
Roosevelt, Eleanor 58
Rothbard, Murray N. 231, 232

S
Santayana, George 56, 210
Seguridad Social 223, 227, 228
Shaw, George Bernard 35
Smith, Adam 53, 54, 79, 181, 192, 212, 232
Sumner, William Graham 212

T
tecnócratas 56
Tennessee Valley Authority (TVA); presa Norris 35
Terborgh, George 208
Tesoro de los Estados Unidos, Departamento de 106

V
Veblen, Thorstein 11
von Böhm-Bawerk, Eugen 232
von Mises, Ludwig 10, 12, 184, 231, 232

W
Wells, David A. 55
Wicksteed, Philip 10, 232

Índice

PREFACIO A LA NUEVA EDICIÓN 7
PREFACIO A LA PRIMERA EDICIÓN 9

PRIMERA PARTE. LA LECCIÓN 13
Capítulo 1. La lección 15

SEGUNDA PARTE. LA LECCIÓN APLICADA 21
Capítulo 2. El cristal roto 23
Capítulo 3. Los beneficios de la destrucción 25
Capítulo 4. Las obras públicas aumentan los impuestos . . 31
Capítulo 5. Los impuestos desalientan la producción 39
Capítulo 6. El crédito altera la producción 43
Capítulo 7. El odio a las máquinas 53
Capítulo 8. Planes para el reparto del trabajo 65
Capítulo 9. La desmovilización de tropas y funcionarios 71
Capítulo 10. El fetichismo del pleno empleo 75
Capítulo 11. ¿A quién «protegen» los aranceles? 79
Capítulo 12. El ansia de la exportación 91

Capítulo 13. La «paridad» de precios 97
Capítulo 14. La salvación de la industria X. 105
Capítulo 15. Cómo funciona el sistema de precios 111
Capítulo 16. La «estabilización» de los precios 119
Capítulo 17. La regulación gubernamental de los precios . 127
Capítulo 18. ¿Cuáles son las consecuencias de la regulación del alquiler? 137
Capítulo 19. Las leyes del salario mínimo. 145
Capítulo 20. ¿Los sindicatos hacen que aumente realmente los salarios? 153
Capítulo 21. «Suficiente para adquirir el artículo que produce». 167
Capítulo 22. La función de los beneficios. 175
Capítulo 23. El espejismo de la inflación 181
Capítulo 24. La ofensiva contra el ahorro. 195
Capítulo 25. La lección reformulada. 209

TERCERA PARTE. LA LECCIÓN TREINTA AÑOS DESPUÉS 219
Capítulo 26. La lección treinta años después. 221

Nota bibliográfica 231
Índice analítico 235